Les plus beaux contes zen

suivis de

L'art des haïkus

DU MÊME AUTEUR

Quelqu'un derrière la porte (préface de Françoise Chandernagor), Médiaspaul, 1990
Chahuté, moi ? Jamais !, Fleurus, 1991
Fais pas la grimace à Dieu !, L'Harmattan, 1993
Les Oiseaux pour sourire et rêver (préface de Jérôme Garcin), L'Harmattan, 1994
Guide de relaxation pour ceux qui n'ont pas le temps (postface du docteur Cuvelier), Seuil, 1996
La Méthode du chat (postface d'Andrée Chédid), Seuil, 1998
Le Zen en vingt et un contes, éditions en ligne 00 h 00.com, 1998
Prières pour ceux qui n'ont pas le temps, L'Atelier, 1999
L'Aventurier de Dieu, Hérault, 1999
Prières à Marie, L'Atelier, 1999
Sagesse monastique, La Table ronde, 1999

Henri Brunel

Les plus beaux contes zen
suivis de
L'art des haïkus

Calmann-Lévy

ISBN 2-7021-3055-0

À ma mère.
À Marc, Caroline, Frédérique, Chloé, Émeline,
Paul, Raphaëlle, Tiphaine,
mes huit petits-enfants.

« Assieds-toi en silence, ne fais rien.
Le printemps vient, et l'herbe pousse toute seule. »
Zenni KUSHU

Prologue

Qu'est-ce que le Zen ? À cette question opportune, il y a mille réponses et aucune. Le Zen est en effet la « doctrine du rien », et que dire sur le rien ? Je pourrais m'échapper en dissertant sur les origines du Zen, les formes qu'il prit au cours des siècles en Inde, en Chine, au Japon, expliquer savamment ce qu'il n'est pas (une religion, un système philosophique) ou bien relater la vie des maîtres illustres ; je pourrais utiliser des termes abscons, m'entortiller de phrases sibyllines, me draper de fumées…

« Cher auteur, s'il vous plaît, maintenez vos propos dans les rets du sujet, qu'est-ce que le Zen ?

– Vous avez certainement entendu parler des jardins zen, de l'art zen, de la poésie, du théâtre, de la peinture zen…

– Répondez à la question posée : qu'est-ce que le Zen ?

– Vous êtes d'un entêtement insupportable ! Et d'ailleurs, comment faire saisir l'insaisissable ?

– Au moins, essayez…

– Le Zen est une attitude mentale, une manière différente d'appréhender la réalité, c'est "voir" sans a priori intellectuel, sans parasitage émotionnel, la chose nue : une fleur, un caillou, un paysage, un oiseau, une grenouille.

Un vieil étang
une grenouille y plonge
le bruit de l'eau[1]

Ce qui est, est. « Je lève mon doigt, je m'assois en silence… et là aussi il y a le Zen », écrit le maître D.-T. Suzuki[2]. Dans les plus humbles événements de la vie quotidienne, pour celui qui sait « voir » sans faire écran avec ses désirs, son intellect, ses peurs, son « ego », se montre l'infini. Toute chose pour le Zen est message d'*absolu,* est déjà l'*absolu.*

Je sais bien que cette affirmation ne suffit pas, même si elle éveille en nous un chant inconnu. Aussi je l'éclairerai de dos, de profil, de face, de biais en proposant, dans la première partie, vingt et un contes, choisis avec soin parmi des centaines – indiens, chinois, japonais – que j'ai adaptés, revisités, et dans la seconde partie, de courts poèmes, ces monostiques de trois vers, les haïkus, qui sont la poésie du Zen. Une vieille légende raconte qu'un certain moine nommé Ekatu ne comprenait rien à l'essence du Zen, malgré des années d'apprentissage et d'efforts méritoires. Il connut brusquement l'*Éveil,* en recevant par mégarde un coup de bambou sur son crâne entêté. On ne sait jamais, un conte…

Henri Brunel

CONTES ZEN

Au printemps des fleurs, en automne la lune
En été une brise fraîche, en hiver la neige
Si votre esprit n'est pas encombré d'un inutile fatras
La vie merveilleuse s'ouvre devant vous

Wu-Men-Kuan

Le conte zen décape l'esprit, choque les principes, bouscule les modes de pensée, arase les préjugés. « Il faut bien vider la tasse si on veut la remplir », dit le maître de thé[3]. Le but du Zen est de nous restituer notre « visage originel », notre innocence. Il nous appelle à faire l'expérience de notre communion avec l'univers. Il nous révèle l'infini dans le fini. Il nous établit dans l'harmonie, la sérénité.

Mais pour ce faire, il use d'étonnants procédés. Le conte zen n'hésite devant aucune méthode : le rire, l'absurde, la provocation, la brutalité, et aussi la tendresse, la compassion, le merveilleux, la poésie, le silence. Il y ajoute le mystère. Souvent, nous sommes « sur le point » de comprendre, on va « comprendre », et la conclusion nous déconcerte, nous échappe. Dans toutes les formes de l'art zen, la peinture, le théâtre ou la poésie, subsiste la part insolite. Le Zen privilégie la note incertaine, la ligne brisée, le dessin asymétrique, et même dans les célèbres jardins zen au sable blanc cent fois ratissé, on ajoute parfois quelques feuilles mortes éparses, incongrues, inutiles. C'est qu'une forme parfaite est close. *La définition claire assassine.* Le Zen offre toujours une issue par où se glissera l'intuition, naîtra la possible étincelle.

En proposant ces contes, venus du fond des âges, je me suis trouvé devant un dilemme : *opter pour le conte brut,* et prendre le risque de heurter nos sensibilités modernes, au point d'occulter le message, de le rendre inaudible ; *adoucir, affadir* et ainsi trahir, perdre l'insolence décapante du Zen, un peu de son mystère.

J'ai choisi une solution médiane. Retenir, parmi les centaines de contes traditionnels, les mieux ajustés à nos oreilles. Je n'ai pas sacrifié l'essentiel. Le sel de l'esprit zen, qui se moque de nos préjugés, de nos idées reçues, de nos égoïsmes et nombrilismes, le sel qui nettoie notre « ego » de ses petitesses, le libère de ses liens. La couleur, le climat singuliers du conte zen, qui nous font pénétrer dans un monde inconnu ; à la fois nous alertent et nous apaisent, et dans le même branle nous déconcertent et nous émerveillent.

Les « Contes des montagnes bleues », comme les nomme poétiquement un vieux texte chinois, sont un chemin d'*Éveil,* ils sont porteurs d'un des plus hauts messages spirituels de l'humanité. Mais chacun y trouve ce qu'il y cherche, un autre regard sur sa vie ou le simple plaisir d'entendre des histoires merveilleuses. Ils conviennent aux grands et aux petits selon l'intuition de chacun et le niveau de lecture. Le conte zen, qui nous ouvre les portes d'un monde enchanté, est d'abord une école de *liberté.*

*

N.B. : Tous les contes sont d'origine japonaise, hormis quelques-uns dont le pays d'origine est indiqué sous le titre.

Les canards mandarins et le samouraï

Il y a de cela bien longtemps, sur les bords du lac Mimidoro, que l'on appelle aujourd'hui Mizoro, au nord-est de Kyōto, un couple de canards mandarins vivait en paix. Il fallait voir, à la belle saison d'été, le mâle bondir sur l'eau, prendre son envol, ses moustaches orange, son bec rouge sombre, et ses magnifiques ailes frisées. Madame et les enfants vêtus d'un modeste gris, même l'aîné qui portait encore la robe juvénile, ne le quittaient pas des yeux. Le soir, les canetons rassasiés et endormis, Monsieur, d'un tendre coup de bec sur la joue blanche et gracieuse, disait bonsoir à son épouse et, dans le trou d'arbre qui leur servait de maison, toute la famille glissait au pays des rêves.

L'année qui suivit, aux premiers jours du printemps, un jeune samouraï vint installer sa cabane aux bords de l'étang. Sa femme attendait leur premier enfant. Ils étaient pauvres. Le samouraï avait dû acheter son équipement : les culottes bouffantes, les cuissardes, les manchettes métalliques et la cuirasse à quatre pans. Sa femme lui avait confectionné le « bandeau de résolution[4] », sa mère avait économisé longtemps pour lui offrir les deux épées traditionnelles, la longue et la courte. Mais il ne possédait pas encore le masque effrayant destiné à terroriser l'ennemi. Il attendait qu'un noble seigneur le prenne à son service. Cette nuit-là, sa femme le réveilla et lui dit :

« Mon tendre époux, je sais que nous sommes pauvres, et je ne voudrais pas vous importuner, mais je sens depuis quelque temps une envie irrésistible de manger de la viande, et j'ai peur que votre fils n'en pâtisse. » Le jeune samouraï ne dit mot. Il prit son arc et sortit dans la nuit. Il se posta au bord de l'étang à l'affût de quelque proie. Par hasard, le canard mandarin faisait une promenade nocturne. À l'éveil du printemps, le nid est encore vide, et il songeait au rude travail de l'été qui l'attendait, quand il faudrait nourrir toute la maisonnée. Le samouraï aperçut ses ailes frisées qui scintillaient sous la lune. Il tira une flèche et le tua. Il l'emporta dans un sac et, arrivé chez lui, il le fixa sur une perche devant la cabane. Puis il regagna sa couche et s'endormit

Un bruit insolite le tira du sommeil. Une sorte de « tap, tap ! », comme un bruit d'ailes. « Le canard n'est que blessé, songea-t-il, il se débat au bout de la perche où je l'ai attaché. » Il prit un couteau et sortit. Le canard mandarin suspendu par les pattes était bien mort. Mais sa femelle était venue, et elle battait des ailes au-dessus de lui. Le samouraï fit étinceler la lame de son couteau et le brandit. La cane mandarine ne bougea pas, ne quitta pas la place. Alors il alluma un feu pour les rôtir tous les deux mâle et femelle. La cane continuait à battre des ailes, indifférente à son sort, pleurant son époux mort. Le samouraï fut alors saisi d'un sentiment inconnu. Il alla réveiller sa femme, lui montra le spectacle de cet amour conjugal et son épouse pleura.

« Je ne mangerai de cette viande pour rien au monde », dit-elle.

*

Les anciennes chroniques disent que le samouraï coupa son chignon d'homme de guerre, et se fit moine. Il mena une vie exemplaire, protégeant les animaux, se souciant du moindre insecte, et son nom depuis est vénéré. Ainsi a-t-il été rapporté des choses du passé.

Renki l'éléphant
Conte d'origine indienne

Ryoto, jeune moine bouddhiste, se plaint de ne pouvoir tenir sa pensée en repos. Elle saute sans cesse, comme un cabri…

« Ou comme un éléphant sauvage », dit le vieux maître zen.

Ryoto, voyant pétiller l'œil de son maître, devine qu'il va lui conter une histoire, et il s'assied à ses pieds à l'ombre du bananier

Renki était un éléphant sauvage, que l'on captura à l'âge de trois ans. Une robe gris clair sans défaut, les défenses longues, minces et pointues, des oreilles en forme triangulaire parfaite, un beau mâle que son maître, un marchand d'éléphants dressés, espérait vendre un bon prix au seigneur du royaume. On attacha Renki à un piquet, au bout d'une corde très solide. Le jeune éléphant se mit à se débattre avec énergie, avec furie, il ruait, piétinait sauvagement la terre sous ses lourdes pattes, barrissait à fendre l'âme. Mais le piquet était bien enfoncé, et la corde épaisse. Renki ne pouvait se débarrasser ni de l'un ni de l'autre. Alors il entra en rage désespérée, mordant l'air, levant la trompe, barrissant lamentablement vers le ciel. Il s'épuisait en efforts et en cris.

Quand brusquement, un matin, Renki se calma, il ne tira plus sur la corde, ne maltraita plus le sol de ses quatre pattes, ne fit plus trembler le voisinage de ses barrissements. Alors le maître le détacha. Il put aller d'un endroit à l'autre, portant un baril d'eau, saluant chacun, rendant service à la communauté. Il fut heureux et libre.

Ta pensée est comme un éléphant sauvage, dit le vieux maître à son disciple. Elle prend peur, saute en tous sens, et barrit aux quatre vents. Ton « attention » est la corde, et « l'objet choisi de ta méditation », le piquet enfoncé dans le sol. Calme ta pensée, apprivoise-la, maîtrise-la, et tu connaîtras le secret de la vraie liberté.

*

Méditation

Le piquet

La respiration : Inspire, expire, sans changer quoi que ce soit, tu es cette respiration qui vient et qui va, qui monte, descend, sans répit, sans laisse, qui vient et qui va…

La corde

L'attention : Tu observes, sans impatience, sans colère, sans jugement, tu suis d'un regard intérieur, bienveillant et neutre, cette respiration, qui vient et qui va. Si tu as envie de bouger, de piétiner, de rugir, de « barrir », tu contemples tes pensées, tes émotions qui te secouent, t'entraînent, et tu ne t'impliques pas, tu laisses venir, tu laisses partir. Et toutes colères, toutes impatiences se dissipent comme fumée. Et tu regardes à nouveau le souffle qui vient, et qui va…

Son Excellence

Son Excellence, monsieur le gouverneur Mushō Keishu, est en voyage ; il chemine au pas lent de ses porteurs vers Kamakura, la grande capitale shôgunale. Confortablement adossé aux coussins de soie, les mains posées sur son petit ventre rond qui tressaute aimablement au rythme de sa litière, monsieur le gouverneur somnole un peu et rêve. Sa garde personnelle de nobles samouraïs l'entoure et le protège. Suivent en bon ordre les serviteurs, les animaux, les bagages. Monsieur le gouverneur, un sourire béat sur son visage lisse, tout doucement s'endort.

Dans les collines de Kamakura, en un lieu paisible qui domine à la fois la ville et la mer, le maître zen Unkei a installé son atelier de statuaire derrière une modeste pagode. Il sculpte dans le bois des bouddhas au sourire éternel. Il reçoit aussi des gens de toutes conditions qui sollicitent ses conseils. Unkei est un homme à l'écorce rude, un silencieux, mais il ne refuse jamais son aide, et chacun le vénère. Ce matin précisément, le jeune moine qui fait office de portier s'approche d'un air affairé, il tient religieusement dans ses mains une carte de visite merveilleusement ornée et décorée. On peut lire :

SON EXCELLENCE MUSHŌ KEISHU, GOUVERNEUR DE KYŌTO, CONSEILLER PARTICULIER DU SHŌGUN.

« Je n'ai rien à dire à cet homme », dit sèchement Unkei, qui laisse tomber la carte et reprend son travail. Le jeune portier, déconcerté et effrayé, revient annoncer au serviteur de Son Excellence le refus de son maître. Il attend en tremblant la réaction du haut personnage, qui n'a pas quitté sa litière.

« Moine, Son Excellence t'attend ! »

Le portier, plus mort que vif, se présente humblement devant monsieur le gouverneur confortablement adossé à ses coussins de soie :

« Ton maître ne veut pas me recevoir ? demande Son Excellence, plus étonné qu'irrité. T'a-t-il donné une raison ?

– Non, Seigneur.

– Sait-il que je pourrais ordonner la fermeture de son atelier, l'emprisonner lui et les siens, et faire empaler ses serviteurs ?

– Pitié, Seigneur ! » s'écrie le jeune novice en tombant à genoux.

Son Excellence le gouverneur n'est pas un méchant homme. Il médite un instant, mollement adossé à ses coussins de soie. Autour de lui la garde des samouraïs s'est raidie, certains ont déjà la main sur leur sabre.

« Hum ! Hum ! fait le gouverneur. Je vais essayer quelque chose. » Il biffe tous ses titres et ne laisse sur la carte de visite que son nom : Mushō Keishu.

« Va redonner à ton maître ma carte de visite ! »

Unkei est en train de laquer un Bouddha de bois. Il prend la carte que le portier lui tend en tremblant.

« Je recevrai cet homme avec plaisir », dit-il.

*

J'ai jeté cette toute petite chose
que l'on appelle « Moi »
et je suis devenu le monde immense[5]

La barque et les deux moines

Qui dira la saveur du Zen, la sagesse de ces contes simples comme l'évidence, libres comme la vérité ?

*

Un soir d'automne, le brouillard épais masque presque entièrement la rivière Saïtama. Un moine et un jeune novice s'apprêtent à la traverser sur une barque légère. Les flots sont jaunes et tumultueux, un vent violent s'est levé :

« Maître, je sais bien que l'on nous attend au monastère de Rishiko, mais ne serait-il pas prudent de remettre notre visite à demain ? Nous pourrions manger une boulette de riz, et dormir dans la hutte de branchages que j'aperçois là-bas.

– ... »

Son maître gardant le silence, Kasuku se résigne à embarquer, et commence à ramer. On ne voit de l'autre rive qu'une ligne sombre perdue dans le brouillard.

« Maître, la rivière est large et le vent qui souffle par le travers nous empêche d'avancer à notre gré.

– ... »

Une dizaine de minutes s'écoulent, qui semblent une heure à Kasuku. Il rame en silence, le cœur inquiet.

Soudain, lâchant les rames, il se dresse, le bras levé :

« Maître, Maître ! Regardez cette barque qui émerge du brouillard, elle vient droit sur nous !

– …

– Maître, elle va nous heurter, nous éventrer, nous allons chavirer. Ohé, du pilote ! Oh, oh, du pilote ! Si je tenais celui qui gouverne cette embarcation, je lui assénerais un bon coup de bâton qui lui ôterait l'envie de mettre en danger de saints hommes comme nous…

– …

– Maître, voyez la barque approche, elle va nous éperonner de sa proue effilée. J'aperçois maintenant le pilote, ce timonier assassin dort paisiblement !

– …

– Maître, la barque est tout près ! Par Brahma ! Que ce pilote criminel soit maudit, que le cycle de ses renaissances s'étende sur un million d'années, qu'il soit chacal, hyène, rat, punaise… »

À l'instant du choc, un remous opportun, ou une manœuvre habile du maître, écarte le danger, et les deux barques indemnes poursuivent leur chemin.

« Tu as observé l'intérieur de la barque, Kasuku ? demande le moine zen.

– Oui, Maître. La forme que je prenais pour un homme était un sac de grains.

– Dis-moi, Kasuku, contre *qui* t'es-tu emporté ? »

Le miroir magique

Iriku avait beaucoup aimé son père. Aujourd'hui, le vieillard avait rejoint les ancêtres. Souvent, quand il tressait un panier de bambou, Iriku songeait :

« Si mon épouse n'avait eu tant d'aversion pour mon honorable père, il aurait été plus heureux dans ses vieux jours. Je n'aurais pas hésité à lui manifester mon affection, mon respect filial. Nous aurions eu de longues et douces conversations. Il m'aurait entretenu des gens et des choses du passé... » Et une mélancolie le prenait.

Un jour de marché, Iriku le vannier écoula son lot de paniers plus rapidement qu'à l'ordinaire. Il se promenait un peu désœuvré parmi les éventaires, quand il remarqua un marchand chinois, qui offrait souvent des objets étranges :

« Approche, Iriku, dit le marchand, j'ai là quelque chose d'extraordinaire. » Et, avec un air de mystère, il retira d'un coffre un objet rond et plat recouvert d'une étoffe de soie. Il le plaça entre les mains d'Iriku, et avec précaution, il fit glisser l'étoffe. Iriku se pencha sur une surface polie et brillante. Il reconnut dedans l'image de son père, tel qu'il avait été au temps de sa jeunesse. Bouleversé, il s'écria :

« Cet objet est magique !

– Oui, dit le marchand, on appelle cela un miroir, et sa valeur est grande ! »

Mais la fièvre avait saisi Iriku :

« Je t'offre tout ce que je possède, dit-il. Je veux ce "miroir magique" et emporter chez moi l'image de mon père bien-aimé. »

Après un long palabre, Iriku abandonna au marchand toute sa recette de la matinée.

Dès qu'il fut rentré chez lui, Iriku alla dans son grenier et cacha l'image de son père dans un coffre. Les jours suivants, il s'éclipsait, montait au grenier, retirait le « miroir magique » du coffre ; il demeurait de longs instants à contempler l'image vénérée et il était heureux. Sa femme ne tarda pas à remarquer son étrange conduite. Un après-midi, alors qu'il abandonnait un panier à moitié tressé, elle le suivit. Elle le vit monter au grenier, fouiller dans un coffre, en extraire un objet inconnu, le regarder longuement en affichant un air mystérieux de plaisir. Il recouvrit ensuite l'objet d'une étoffe et le rangea avec des gestes amoureux. Intriguée, elle attendit son départ, ouvrit à son tour le coffre, découvrit l'objet, fit glisser l'étoffe de soie, regarda et vit : « Une femme ! » Furieuse, elle descendit et apostropha son mari :

« Ainsi, tu me trompes en allant contempler une femme dix fois par jour dans le grenier !

– Mais non ! fit Iriku, je n'ai pas voulu t'en parler parce que tu n'appréciais guère mon père, mais c'est son image **que je vais** voir, et cela apaise mon cœur.

– Misérable menteur ! vociféra la femme. J'ai vu ce que j'ai vu ! C'est une femme que tu as cachée au grenier !

– Je t'assure… »

La dispute s'envenimait, devenait infernale, lorsqu'une nonne mendiante se présenta à la porte. Le couple réclama son arbitrage. La nonne monta au grenier, revint :

« C'est une nonne ! » dit-elle.

*

« Tout le malheur des hommes vient de ce qu'ils ne vivent pas dans *le* monde, mais dans *leur* monde. »

Héraclite

L'éléphanteau royal
Conte d'origine indienne

Cette histoire est maintenant du passé.

Un Mahārādjāh possédait une troupe d'éléphants. Konia en était le plus bel ornement, la robe d'un doux gris clair, l'œil malicieux sous les lourdes paupières et d'adorables oreilles triangulaires. Konia avait noué des liens d'amitié avec son cornac, un jeune garçon nommé Shivi. Il fallait voir comment elle le saisissait à la ceinture et, d'un seul mouvement de sa trompe, précis et doux, elle le déposait près de son cou. Quand Shivi faisait de brefs appels de ses orteils nus à la base de son oreille, avec docilité Konia avançait, quand il lui frottait le flanc de haut en bas de son talon, elle reculait. L'agile cornac descendait à terre vingt fois le jour en glissant le long de son oreille droite, vingt fois elle le remontait d'un élégant mouvement de sa trompe enroulée. Ils travaillaient en si parfaite harmonie qu'on eût dit en les voyant quelque figure de ballet.

La vie suivait ainsi paisiblement son cours. Mais un certain printemps, Konia tomba amoureuse d'un éléphant, un mâle superbe qui avait en charge le palanquin royal. Drik, personnage officiel, ne pouvait contracter mariage sans l'approbation de Sa Majesté. On consulta les oracles, Konia était de sang noble, de caractère aimable, l'union fut approuvée.

Trois ans plus tard, toute la cour était en émoi : Konia allait accoucher. Or, l'éléphanteau se présentait mal et tardait à naître. Le Mahārādjāh alerté demanda qu'on l'informât heure par heure. À la fin de la matinée, la trompe, la tête, le corps étaient sortis, mais la queue restait coincée. Le soir venu, la situation n'avait pas changé. On réunit un conseil d'urgence. Les ministres, les courtisans, le grand chambellan donnaient leur avis. De temps en temps on faisait appeler Shivi, le cornac :

« Alors ? demandait Sa Majesté.

– Rien de nouveau, Sire, la queue est toujours coincée ! »

Et la discussion reprenait. La nuit avançait, le conseil était surexcité et désemparé, quand le grand chambellan s'écria :

« Sire, la situation est trop grave ! Je suggère que l'on fasse venir Mara la sorcière

– Ce n'est pas possible ! Cette femme a insulté la belle-mère de notre grand Mahārādjāh en ne s'inclinant pas sur son passage ! Elle est bannie à jamais de la cour ! »

Le roi trancha :

« Qu'elle vienne à l'instant ! »

On obtempéra. La magicienne, après avoir longuement ausculté la malheureuse parturiente, rendit son verdict :

« L'éléphanteau sera délivré, sa queue décoincée si l'on trouve dans tout le royaume une femme qui n'ait jamais aimé que son mari et qui n'ait jamais eu de tendres pensées pour un autre que lui. »

Le conseil délibéra... longtemps. Enfin le choix se porta sur Rajna, une beauté aux yeux doux et tristes, réputée pour sa sagesse, épouse d'un grand seigneur de la cour.

« As-tu jamais aimé un autre homme que ton mari ?

– Non, Sire, répondit Rajna d'une voix douce et timide.

– As-tu jamais rêvé à un autre homme que lui ?

– Non, Sire !

– Que l'on aille chercher le cornac ! ordonna le roi.

– Alors ? interrogea le conseil fébrile, d'une seule voix.

– Rien n'a changé, dit le cornac accablé, la queue est toujours coincée. »

À ce moment, de sous son voile, la douce Rajna parla :

« Je me souviens maintenant, dit-elle d'une voix étouffée, que passant par hasard dans la cour du palais, j'ai vu une fois ce jeune homme avec son éléphante, et il était si adroit, que..., conclut-elle dans un sanglot, mon cœur pendant une seconde a battu pour lui. »

À cet instant, une rumeur parvint jusqu'à la grande salle du conseil :

« Hourra ! La queue est enfin décoincée, l'éléphanteau royal est né ! »

*

Sur l'étoffe de l'Atma[6], où nous brodons jour après jour la tapisserie de nos vies, la moindre tache se voit, tout manifeste Brahma.

Le fantôme encombrant

Un jeune mari perdit sa femme dans la fleur de l'âge. Celle-ci avait été belle, mais un peu acariâtre et affreusement jalouse. Après un deuil de bon aloi, qui dura six mois, le jeune homme sentit avec le printemps naître des émotions nouvelles.

Il chercha femme, et bientôt se fiança à la délicieuse Yoyohi, dont le nom chantait comme un gazouillis de mésanges, comme le froissement de la soie sur un éventail. Bref, le jeune veuf était amoureux, et il était plus heureux qu'il ne l'avait jamais été avec sa précédente épouse. C'est alors que le fantôme de sa femme se manifesta pour la première fois. Une nuit, alors qu'il dormait paisiblement sur son tatami, il sentit un courant d'air froid lui chatouiller la plante des pieds, il s'éveilla. Kyrioka était devant lui. La belle, quoique évanescente, semblait furieuse, et n'avait rien perdu de son humeur jalouse :

« Comment oses-tu, dit-elle, me tromper avec une petite sotte, sans beauté, qui, ajouta-t-elle avec perfidie, porte une tache de naissance fort disgracieuse sur le sein gauche.

– Comment sais-tu cela ? » interrogea le pauvre mari, stupéfait.

« Au Royaume des morts, nous avons accès aux mystères, et nous connaissons toutes choses cachées à vos yeux de mortels. »

La belle s'en fut. Le mari encore tremblant de frayeur ne dormit plus cette nuit-là.

À partir de cet instant, l'existence d'Heiyoshi devint un enfer. Le jour, il se promenait avec la tendre Yoyohi, dans les jardins de son père. Ils s'attardaient auprès du grand bassin, admiraient la grâce épanouie des fleurs de lotus. Heiyoshi ne se lassait pas, tout en devisant tendrement et en échangeant avec elle de timides sourires, de contempler la nuque parfaite de sa fiancée, son chignon noir de jais, ses joues qui avaient le velouté de la fleur de prunier. La nuit, le fantôme de Kyrioka venait le tourmenter. Assise au pied de sa natte, son épouse décédée tournait en dérision tous ses faits et gestes de la journée, elle imitait en ricanant leurs tendres propos. Elle lui rappelait leurs anciennes amours, et lui répétait :

« Je sais tout de toi, et ce savoir t'enchaîne. Ta vie est à moi seule, à moi ! »

Le malheureux, à bout de forces et près de perdre la raison, se confia à un ami, qui lui conseilla d'aller consulter un célèbre maître du Zen vivant en ermite dans l'ancien temple de Kenninji. Le voyage fut long et difficile. Enfin Heiyoshi parvint aux pieds du maître, et lui conta son infortune.

« Ta femme est devenue un fantôme, et elle sait tout de toi.

– Oui, Maître, vous comprenez, habitant le pays des morts, elle a accès à ces mystères qui nous dépassent, elle connaît le passé, l'avenir et fouille à son gré dans mes moindres pensées.

– Je vois, dit le maître en se grattant un orteil avec un petit bâton de bambou, car il avait plu et un peu de boue avait éclaboussé ses pieds nus dans les sandales. Je vois…

– Que dois-je faire, Maître ?

– Tu es jeune, Heiyoshi, ton cœur est neuf et tendre. Il est aisé d'assurer son pouvoir sur toi. Je vais t'aider. »

Le jeune veuf se confondit en remerciements, et déclara :

« Je suivrai vos conseils, Maître, je m'y conformerai en tout point, indiquez-moi seulement la voie.

– Quand le fantôme de ton épouse apparaîtra, confesse humblement ton ignorance, loue ses étonnantes connaissances, en un mot flatte-la, et propose-lui un marché : "Si tu peux répondre à une dernière question, je serai définitivement convaincu de tes pouvoirs surnaturels, je renoncerai à Yoyohi, qui n'est qu'une simple mortelle, et je serai ton époux fidèle à jamais."

– Hélas ! s'exclama Heiyoshi, c'est elle qui va l'emporter, j'en suis sûr ! Ce qu'elle ne sait, elle le devine, rien de ce que je fais ou pense ne lui est caché…

– Suis mon conseil, déclara un peu rudement le maître, ou, si tu ne veux pas m'écouter, va-t-en ! »

Heiyoshi, troublé, affolé, acquiesça :

« Je vous obéirai, Maître.

– Prends dans ta main droite fermée une grosse poignée de graines de soja et demande-lui combien il y en a.

– C'est tout ? » demanda Heiyoshi.

Le maître du Zen ne répondit pas. Il s'était installé en zazen[7] et méditait.

Heiyoshi rentra chez lui. La nuit même, le fantôme de son épouse réapparut :

« Tu es allé rendre visite à un maître du Zen, ricanait-elle, croyais-tu que je l'ignorais, et pensais-tu pouvoir m'échapper ? »

Heiyoshi plongea alors sa main droite dans un tas de soja, en saisit une grosse poignée qu'il présenta dans sa main fermée :

« Combien y a-t-il de graines ? » demanda-t-il.

Le fantôme de Kyrioka se dissipa dans l'air et ne reparut jamais.

*

Il suffit de peu de chose, un zeste de bon sens, une question claire, un rire, pour désarçonner les faux gourous, qui manipulent les âmes simples, les esprits sensibles ou fragilisés, en s'enveloppant d'ombre et de mystère. Quelques graines de soja, et s'évanouissent les fantômes…

Les pousses de bambou
Conte d'origine chinoise

Le bambou est une plante tropicale miraculeuse. Une tige légère, résistante, élastique, propre à tous les usages. Perche pour les acrobates, canne ou bâton qui sert aux maîtres zen pour rappeler à l'ordre les disciples endormis ou distraits. Le bambou se plie docile en forme de panier, de claie, de vase et même de tambour. Avec certaines espèces, on fabrique des meubles, avec d'autres, au Japon, en Chine, on construit des villages entiers. Une espèce singulière précoce et charnue est appelée « bambou Môzô ». Elle doit son nom à un certain Môzô qui vécut en Chine, dans la circonscription de Kiang-Hia de l'ancien royaume de Wou[8], au IIIe siècle de notre ère. Voici l'histoire de Môzô, telle que nous l'ont transmise les siècles passés.

*

Môzô, orphelin de père, vivait seul avec sa mère à qui il vouait une grande piété filiale. Employé aux travaux publics, c'était un scribe modèle qui calligraphiait à merveille, et chacun l'appréciait pour sa modestie et son zèle. Pendant ses heures de liberté, il courait la campagne afin de ramasser une espèce de bambou particulière, dont les pousses grosses et tendres constituent un mets raffiné. Sa mère en raffolait.

Il arriva un jour où sa mère ne put avaler un seul repas sans qu'il n'y eût en entrée des pousses fraîches de bambou. Môzô courait les champs, les bois, l'hiver et l'été pour offrir à sa mère ses pousses de bambou préférées.

« Ah ! mon fils, disait-elle, si je ne pouvais manger mes pousses de bambou, moi qui n'ai plus goût à rien depuis la mort de votre père, je crois que je me laisserais mourir ! »

Et Môzô courait la campagne, explorait les champs, les prés, la lisière des forêts, et il rapportait tous les jours à sa mère les pousses de bambou qu'elle aimait.

Or, cette année-là dans le royaume de Wou, l'hiver fut exceptionnellement rigoureux. La neige tomba en abondance. Le sol était gelé. Môzô courait plus que jamais par les champs et les bois, dénichant les pousses de bambou où nul autre que lui n'en aurait trouvé. Il en cueillait sous les congères, aux creux des forêts, partout. Mais un soir, il revint chez lui les mains vides. Sa mère refusa de manger. Les jours suivants, Môzô rentra bredouille et désespéré :

« Mère, je fais de mon mieux, je cours du nord au sud, d'est en ouest, mais tant que cette neige persistera, je ne pourrai vous offrir les pousses de bambou que vous chérissez. Je vous en prie, consentez à manger. »

Mais la mère de Môzô ne répondait pas. Elle refusait de s'alimenter, elle ne buvait ni ne mangeait, et elle commença de dépérir. Le ciel était bleu, froid, implacable, et toute la campagne durcie sous la neige gelée. Alors, un matin, Môzô désespéré se tourna vers le ciel :

« Depuis des années, se lamenta-t-il, matin et soir, du nord au sud, d'est en ouest, j'ai cherché partout les pousses de bambou. Pas un seul jour je n'ai manqué de lui en apporter, afin qu'elle ne meure, et aujourd'hui je ne puis en trouver. » Il se tordait les mains, accablé, et il fixait le jardin devant la maison, et la neige froide, indifférente à son chagrin.

À ce moment, comme il était à genoux, implorant le ciel, il aperçut au milieu du tapis blanc trois pousses violettes perçant la neige. Trois pousses de bambou ! Il les cueillit et les apporta à sa mère. Celle-ci mangea et but, et fut sauvée. Depuis lors, ce bambou s'appelle au Japon comme en Chine le « bambou Môzô ». Il est le symbole de la piété filiale.

*

Bouddha est dans une pousse de bambou autant que dans l'immensité du ciel :

Leur fraîcheur,
l'oublier on ne saurait,
les bambous de cette année[9]

Ryōkan

Gobuki et le dragon

Tous les pays, toutes les civilisations relatent, chacun à sa façon, la même histoire de héros et de dragon. C'est le combat mythique du Bien et du Mal, de la jeunesse et du courage terrassant le monstre abominable, du Juste écrasant la Tarasque. Le Zen à son tour reprend le thème millénaire. Mais il le traite différemment.

*

Il était une fois un jeune homme pauvre et bien fait, qui était renommé pour sa bravoure. En ce temps-là vivait dans la montagne une sorte d'ogre, un monstre, qui interdisait le passage aux voyageurs terrorisés. Les paysans racontaient à la veillée ses horribles méfaits. Nul ne connaissait son aspect, car personne n'était revenu vivant de la montagne. Gobuki déclara qu'il irait affronter la bête. On essaya de le dissuader, la jeune fille qui l'aimait pleura, se jeta à son cou, rien n'ébranla sa détermination, son courage. Les plus avisés des paysans lui fournirent des armes : un bâton, une fourche. Le seigneur du lieu ajouta une lance et une épée, un soldat une lourde pique. Ainsi harnaché, Gobuki partit seul dans la montagne. Il marcha trois jours, enfin, le matin du quatrième, il se présenta seul devant la caverne où habitait le monstre. Celui-ci sortit bientôt, grondant et crachant des flammes. Il était horrible à voir. Mais Gobuki, fièrement campé, ne recula pas d'un pouce.

Ils demeurèrent ainsi quelques instants à se dévisager. Le temps était comme suspendu, dans l'attente du drame. Enfin, le monstre s'écria :

« Pourquoi ne t'enfuis-tu pas comme les autres ?

– Je n'ai pas peur de vous ! dit Gobuki.

– Je vais te dévorer ! rugit le monstre.

– Si vous voulez, regardez, je dépose mes armes sur le sol, le bâton, la fourche, la lance, l'épée, et la lourde pique de soldat, je sais que vous ne me toucherez pas.

– Mais enfin, pourquoi est-ce que je ne te terrorise pas ? interrogea le monstre, stupéfait.

– Je suis l'Atma, je suis la Réalité universelle, je suis *cela*. Si vous me dévorez, c'est que vous êtes fou, car vous vous dévorez vous-même. Nous sommes *un*. Mais je vous en prie, si vous voulez le faire, je suis à votre disposition. »

Le monstre abasourdi s'écria :

« Je ne comprends rien à ce que tu dis, mais avec toi tout devient trop compliqué. Les autres s'enfuient en hurlant de peur, je les poursuis, je les tue, je les dévore. Tout est simple. Là, je ne sais plus ce que je dois faire. Tout compte fait, je préfère m'abstenir, je crois que mon estomac ne supporterait pas un être aussi bizarre que toi. Je t'en prie, reprends tes armes et va-t-en ! »

Et il se retira, nauséeux et chagrin, dans sa caverne.

Oshōkun, la tant si belle…
Conte d'origine chinoise

Yuan des Han[10], l'un des derniers empereurs de la noble lignée des Han, avait tant de femmes qu'il n'en connaissait pas le nombre exact. La tradition exigeait que chaque année, les hauts dignitaires de la cour lui offrissent les plus belles de leurs filles. Et chaque année, murmure des jets d'eau, bruissements de soie, confidences échangées à l'ombre des éventails, s'accroissait le nombre des épouses dans le gynécée. Or, en ce temps-là, se présenta à la cour une ambassade du pays des Huns. La guerre s'était longtemps prolongée entre cette contrée sauvage et l'Empire. Yuan, prince sage, désirait la paix. Il reçut les Barbares avec courtoisie et mille civilités, il décida enfin de leur offrir un présent qui les comblerait.

Mais lequel ? Ces gens grossiers n'aimaient ni les porcelaines fines, ni les coffrets laqués, ni le jade, ni les soieries aux tons délicats.

« Sire ! dit le Premier ministre, me permettez-vous une suggestion ? »

L'empereur acquiesça.

« Offrons au roi barbare l'une de vos femmes…

– Oh ! se récria la foule des courtisans indignés.

– Sire, c'est le seul présent qui scellera définitivement la paix entre nos deux pays !

– Soit ! dit l'empereur.

– Votre Majesté voudra certainement désigner celle de ses femmes qui a le moins d'attraits, c'est encore trop d'honneur pour ces barbares !

– Qu'il en soit ainsi, dit l'empereur. J'ordonne que les peintres de la cour fassent le portrait de toutes mes femmes, je choisirai celle qui devra partir dans les contrées lointaines. »

La nouvelle courut comme un feu de paille dans le gynécée. Les peintres de la cour venaient faire le portrait de toutes les femmes. La moins belle, la moins désirable partirait en exil dans les contrées lointaines. Aucune ne voulait s'en aller dans ce pays sauvage, et servir de jouet à un roi barbare. Toutes entreprirent de gagner à leur cause les peintres de la cour, et s'efforcèrent de paraître à leur avantage. Elles soignèrent à l'infini leur visage, n'épargnant ni les onguents, ni les fards, lissant leurs cheveux, se parant de bijoux. Elles rivalisèrent en flatteries, en sourire, en mignardises auprès des peintres de la cour. Toutes relevèrent leurs joues et leur front de poudre d'or. Toutes, sauf une. Oshōkun était belle, d'une beauté si évidente, si lumineuse que les autres femmes s'éteignaient en sa présence comme la lumière des lanternes à la clarté du matin. Elle se présenta devant les peintres, quand vint son tour, sans apprêts, sans bijoux, le visage nu, et ne chercha pas à les séduire. Les peintres, vexés de son indifférence, lui ajoutèrent quelques traits grossiers, qui déparaient malignement ce merveilleux visage.

L'empereur reçut les portraits. Ils se ressemblaient tous, sauf un singulièrement nu et sans apprêts. Il désigna Oshōkun, et fit part de son choix aux émissaires étrangers. Il ordonna que l'on signifie à son « cadeau » qu'elle se tînt prête à partir en pays barbare. Mais le soir, avant de s'endormir, il revit ce visage étrange, et une hésitation le prit. Il résolut de n'y plus penser. « Il faut bien que je fasse un présent au roi barbare, se dit-il, et puisque je dois sacrifier l'une de mes femmes, autant choisir la moins parée, la plus insensible aux grâces de cour. » Le lendemain cependant, au milieu de la matinée, il ordonna brusquement à son grand chambellan d'aller chercher Oshōkun, qu'il n'avait jamais vue, et dont il voulait faire la connaissance avant de la remettre à l'ambassade des Huns. Alors Oshōkun pénétra dans la salle du trône, et ce fut comme une caresse de printemps, un cerisier en fleur, qui apparut à ses yeux éblouis. Oshōkun se tenait droite, fière et belle, d'une beauté inouïe, qui transperça son cœur. Elle gardait les yeux baissés, sans parler, et il l'aima. Quand Oshōkun osa regarder à son tour le jeune empereur pétrifié sur son trône, son cœur de jeune vierge farouche faiblit aussi, et connut l'amour.

L'empereur avait donné sa parole, annoncé son choix aux dignitaires de la cour, les émissaires étrangers allaient regagner leur pays. Le destin était fixé. Ainsi vécurent dans la mélancolie le reste de leurs jours Oshōkun la tant si belle... et son empereur bien-aimé. Ainsi a-t-il été rapporté des choses du passé.

*

Le Zen est originaire de l'Inde où il portait le nom de « dhyana ». Son introduction en Chine date du VIe siècle. Le 21 septembre 527 débarquait à Canton un moine indien barbu, aux yeux bleus, qui intrigua fort les Chinois. L'empereur Leang Wu-ti était un homme austère et probe, fervent bouddhiste. Vers la fin de sa vie, il songeait à se faire moine. Il appela à la cour de Nankin ce nouveau prophète à l'aspect étrange qui disait se nommer Bodhi-dharma, et le reçut avec beaucoup d'amitié. Mais la doctrine si simple, si nue du moine le déconcerta.

On rapporte ce dialogue entre l'empereur et Bodhidharma :

« Depuis le début de mon règne, j'ai construit beaucoup de temples, copié de nombreux textes sacrés, aidé les moines, selon vous quel est mon mérite ?

– Aucun mérite, répondit Bodhidharma.

– Et pourquoi donc ?

– Une action vraiment méritoire est remplie de pure sagesse. »

Bodhidharma quitta rapidement la cour et se dirigea vers le nord. L'empereur ne le retint pas.

Bodhidharma finit par s'installer en pays Wei, dans le célèbre monastère de Chao-Lin. La légende affirme qu'il mourut à l'âge de cent cinquante ans et qu'il fut enterré dans la montagne au Honan. On raconte qu'en ouvrant son tombeau, un siècle plus tard, on le trouva vide. Il ne restait de lui qu'une sandale.

L'enseignement de Bodhidharma, qui simplifiait et purifiait le bouddhisme, prit en Chine le nom de « Tch'an ». Un disciple Tan-lin le résume ainsi[11] :

Les sages n'épargnent ni leur corps, ni leurs biens, et ne sont jamais lassés d'être généreux. Ils sont indépendants, et sans attachement.

Ils ne sont plus dupes des apparences et, pratiquant les six perfections[12]*, ils ne se prévalent d'aucune. Ainsi sans y penser, et sans s'attribuer aucun mérite, ils vivent dans l'Amour de toute créature, paisibles, unifiés en harmonie avec le Dharma (la loi, la vertu et le bien).*

Au XIIe siècle, un moine bouddhiste japonais du nom de Eisai découvrit le Tch'an au cours d'un voyage d'étude en Chine. Enthousiasmé, il l'importa au Japon, où il s'implanta et s'épanouit sous le nom de Zen. De nos jours, le Zen a envahi l'Occident. Ainsi, traversant les époques, les civilisations, s'adaptant à d'autres pratiques, d'autres mœurs, le Zen est cette lame nue, cet appel à l'essentiel, ce tocsin d'absolu. Il passe, libre, insolent, joyeux, énigmatique et fascinant. C'est toujours ce « chemin qui va », que symbolise la sandale que l'on retrouva dans le tombeau vide de Bodhidharma.

*

« Ce bref aperçu historique m'a semblé nécessaire à ce moment du livre, parce que...

– Cher auteur, permettez-moi de vous interrompre ! Il m'a plutôt paru incongru ! Nous sommes encore sous le charme de la belle et malheureuse Oshōkun, émus par cette histoire d'amour.

– Je dois bien vous rappeler cependant qu'il s'agit d'un conte zen !

– Le Zen veut signifier ici quelque chose ?

– Vous savez bien qu'une histoire zen ne comporte ni explications ni morale, elle nous est livrée brute. À nous de méditer, de la prolonger.

– Pour ma part, je la prolonge en me laissant envahir d'une douce mélancolie, je rêve à ces deux amants qu'un sort funeste sépara à jamais.

– Écoutez ! dis-je avec un peu d'humeur, ce n'est pas un conte de Charles Perrault, ou la veillée des chaumières ! Il nous faut aller au-delà. »

Mon interlocuteur me regarde, un peu décontenancé. Je souris, il sourit aussi...

« Pardonnez-moi, dis-je en riant, rien ne semble plus difficile que tenter de faire comprendre l'âme du Zen.

– Je vous écoute.

– Je formulerais ainsi ma question à la belle Oshōkun : était-il si contraire, à l'honneur, à la *voie*, d'accepter de se parer comme ses compagnes, n'est-ce pas attacher une importance excessive aux onguents, aux poudres, aux colifichets que de les dédaigner ? Pourquoi ne pas assumer sa beauté avec simplicité ? Je songe à ce texte de l'Évangile : « Personne n'allume une lampe pour la recouvrir d'un pot, ou la mettre sous le lit, on la met sur un support, pour que ceux qui entrent voient la lumière » (Luc 8, 16).

Le Zen ne dit pas autre chose. Beauté, intelligence, talents, il nous faut les manifester pour mieux les offrir et les partager. Sois belle, Oshōkun, dans tout l'éclat de ton printemps. C'est dans la plénitude de la réalité, telle qu'elle est, que l'on pressent l'invisible, l'Atma. Il eût fallu si peu de chose, ô belle Oshōkun, pour que ton destin fût changé, et celui de ton empereur bien-aimé.

Ainsi va le jeu du Karma.

*

Les contes suivants nous emmènent un peu plus loin sur le chemin. Chaque conte pousse un peu la porte du Zen.

Mourir… À quel âge ?

L'homme a le destin de l'étincelle.

Louis Aragon, *Elsa*

Ryōkan, le poète du XVIIIe siècle, le saint François d'Assise du bouddhisme, qui savait parler aux plantes, aux insectes, aux oiseaux, était connu dans tout le Japon pour sa sagesse et l'efficacité de ses kito[13]. On venait de tout le pays le consulter, et lui demander d'intercéder auprès des dieux.

Or, un matin, un honorable moine, tout sec, tout desséché par l'âge, se présenta devant la cabane de branchages.

« Je suis honoré de ta visite, saint moine, dit Ryōkan. Ta réputation de bonté est parvenue jusqu'à moi, que désires-tu ?

– Je voudrais un kito, dit l'homme, en caressant sa barbe courte et blanche.

– Volontiers, dit Ryōkan, et que souhaites-tu ?

– Je voudrais que ma vie soit longue…

– Quel âge as-tu ?

– J'ai quatre-vingts ans depuis les dernières fleurs de cerisier.

– Jusqu'à quel âge dois-je demander aux dieux que ta vie se prolonge ?

– Cent ans ! Cent ans me paraît un bon chiffre, oui, cent ans, c'est bien.

– Je suis étonné, dit Ryōkan, par la modestie de ta requête, tu es venu de très loin pour me réclamer ce kito, pourquoi te contenter de cent ans ?

– Il est vrai, soupira le visiteur, que je répands constamment autour de moi sagesse et bienfaits, que ne pourrais-je faire si je vivais davantage ! Disons, cent vingt, cent trente, fixons plutôt un chiffre rond : cent cinquante ans. Est-ce possible ?

– Bien entendu, fit Ryōkan, nous disons donc cent cinquante ans, mes kito étant très précis, je vais t'en préparer un pour cent cinquante ans exactement. Mais tu as bien réfléchi ? Tu as quatre-vingts ans, il te restera soixante-dix années à vivre, moins que tu n'as déjà vécu. Mais c'est bien ce que tu désires, tu es un homme sage et peu exigeant.

– Attends encore un instant, fait l'octogénaire. Il est vrai que soixante-dix ans, c'est peu de chose, mes quatre-vingts premières années s'en sont allées comme un songe, et c'était hier, me semble-t-il, que je jouais avec mes frères et sœurs dans le jardin de mes parents.

– La seconde partie de la vie, observe Ryōkan, est comme l'autre versant de la colline, on le descend bien plus vite que l'on n'a gravi le premier.

– Soit, je me rends à tes raisons, sage Ryōkan, fais-moi un "kito" pour… disons, trois cents ans ! »

Ryōkan se gratte la tête et ne bouge pas.

« Eh bien, qu'attends-tu ? s'impatiente le visiteur, ma demande est-elle excessive ? ajoute-t-il, inquiet.

– Non, non, je réfléchissais, dit Ryōkan. Pourquoi au fond t'arrêter à trois cents ans, on raconte que certaines tortues vivent mille ans, et aussi les grues… Pourquoi trois cents ans seulement ?

– Mille ans ? Après tout, la perspective ne manque pas d'attraits. J'ai tant de bonnes actions à accomplir, je pourrais faire tellement plus de bien en mille ans ! »

Ryōkan ne bouge pas et semble perplexe :

« Je pèse tes paroles, saint moine, et je vois comme ta vie est précieuse, la meilleure solution serait que tu ne meures pas.

– Tu pourrais me faire un kito qui m'épargnerait de mourir ?

– Oui, mais ce serait très, très cher, et très difficile !

– Je suis prêt à payer le prix qu'il faudra, à pratiquer les plus durs exercices, tu m'as convaincu, noble Ryōkan, je t'en prie, j'accomplirai tout ce que tu exigeras, mais fais-moi le kito, qui me rendra immortel. »

Dès ce jour, Ryōkan prit avec lui dans son humble cabane de branchages le vieux moine qui venait du nord. Ils coupaient le bois ensemble, allaient chercher l'eau à la rivière, dormaient à même le sol de terre battue, et ils priaient, et méditaient pendant de longues heures. Ils mangeaient leur bol de riz, ou ils riaient en regardant le vol d'un geai maladroit. Au printemps, Ryōkan composa des poèmes :

Ce monde[14]
n'est plus que
fleurs de cerisiers

et encore :

Le rossignol
du rêve m'a réveillé,
mon riz du matin

ou bien :

La barque à riz
se dirige
vers la lune du troisième jour[15]

Ainsi passèrent un hiver, un printemps, un été. Ils étaient tous deux assis devant la cabane un soir de fin d'été, et contemplaient le premier vol d'oies sauvages, quand Ryōkan déclara :

« Je vais procéder demain à la cérémonie du kito qui te fera immortel, comme nous en étions convenus.

– Je ne comprends plus, dit l'octogénaire songeur, en caressant sa barbe qui avait beaucoup poussé, pourquoi je t'ai réclamé ce kito. »

*

Le fini est l'infini, et l'infini le fini. Le présent est l'éternité.

Le voyage
Conte d'origine tibétaine

Deux moines sont en voyage. Depuis trois jours, ils n'ont rencontré qu'une vieille femme sur le seuil de sa cabane. Elle leur a offert un peu d'orge grillée, liée avec du thé et du beurre rance. Cette maigre *tsampa*[16] qui date de la veille est déjà descendue dans leurs talons. Ils ont faim, ils ont froid. Soudain, la pluie se met à tomber. Le plus jeune des moines se protège de son mieux avec un pan de sa robe. Le plus âgé marche devant en silence. La nuit descend, à l'horizon nul abri, ni temple, ni ermitage, pas la plus modeste cabane. Le sentier qu'ils suivent se perd au loin dans la montagne. Le jeune novice n'en peut plus. Il ignore le but de cet interminable voyage. « Le temple zen ne doit pas être éloigné, se dit-il, il me semble que nous approchons de Kamakura, mais est-ce bien notre destination ? » Rompant les consignes strictes de silence, il ose interroger son supérieur, qui marche d'un pas égal :

« Maître, où allons-nous ?

– Nous y sommes, répond le maître.

– Vous voulez dire que l'étape est proche ? insiste le jeune moine.

– Ici, maintenant. Nous y sommes. »

Le novice effaré regarde le sentier pierreux, qui s'enfonce dans la brume. Au loin, les cimes redoutables se perdent déjà dans la nuit. Il a peur, il a froid, il a faim. Et brusquement, en un éclair, il comprend. Il se souvient des paroles que l'on a souvent répétées au monastère : « Le Zen est un chemin qui va… ». Dans chaque pas sur ce chemin, l'éternité est enclose. Dans le présent se niche la vie, l'oasis, l'infini. Je goûte le présent, le passé s'est enfui, le futur est un rêve, le présent seul *est.* « Quand vous vous éveillez à la vérité, dit un ancien poème, votre esprit devient brillant et lumineux, comme un rayon de lune. »

Le novice se murmurant ces choses allait en paix.

*

J'ai pour ce conte une dilection particulière. Chacun choisit son grain sur le collier. Vivre au présent est l'un des secrets du Zen. Une autre approche bien connue est *Cha-no-yu* la cérémonie du thé.

Les ingrédients sont les suivants :

– lieu modeste et paisible,

– accueil de l'instant,

– commerce agréable et tranquille avec des amis,

– soin et amour apporté à la préparation de « l'élixir doré » : le thé,

– contemplation d'objets simples et beaux,

– silence.

Imaginez un sentier écarté de montagne ou de forêt qui conduit à la demeure d'un sage. Voici le pavillon de thé. Son architecture est simple, il est construit en bois et en bambou. Il ne s'agit pas ici de s'opposer au temps, de le défier par une dérisoire éternité de pierre, mais de « l'épouser ». La pièce où l'on pénètre est de surface modeste : neuf mètres carrés environ (deux nattes et demie), trois ou quatre amis y tiendront à l'aise. Une peinture zen, un bouquet de fleurs des champs pour l'agrément. Le foyer de charbon de bois, la bouilloire de fer ronde et patinée, le récipient d'eau, la cuiller de bambou, un linge blanc immaculé, les boîtes de thé, les bols traditionnels ordinaires. Le maître de thé accomplit les gestes rituels avec efficacité, lenteur, soin et amour. La conversation s'égrène, paisible ; on parle de poésie, d'histoire, ou d'architecture. Tout doucement le bruit léger des voix s'éteint, on contemple en silence les bols familiers, une fleur des champs, on entend au loin le chant d'un oiseau. Le temps est suspendu, harmonie, sérénité.

Au cours des siècles, le rituel se compliqua, des centaines de règles furent édictées concernant l'arrangement des fleurs, la façon de verser le thé, etc., mais Rikyu, le plus célèbre des maîtres de thé, rappelait :

Le thé *n'est rien d'autre que ceci :*
Vous faites bouillir l'eau
Vous faites infuser le thé
Et vous le buvez...
C'est tout ce qu'il vous faut savoir.

Le silence

Le silence est un terme polysémique, un mot à plusieurs masques en pelure d'oignon. Un mot que l'on pèle avec enchantement. Absence de bruit, jeûne de la parole, renoncement, il se révèle chant secret du langage abouti, musique aux mille harmoniques selon l'imaginaire, les affects, l'intuition. Le silence perce au-delà le concept, l'intellect, il nous emmène au cœur des choses, il nous fait toucher, pour peu que l'on s'y prête, le cœur de Dieu. Bouddha est parfois appelé le « maître du silence ». Chez les bouddhistes, dans la branche zen en particulier, le silence est considéré comme un moyen privilégié d'atteindre la vérité, la source cachée.

*

Japon. Première moitié du XIVe siècle, sous le shogûnat des Ashikagaka. Un temple perdu dans la montagne. Quatre moines zen ont décidé de faire un *sesshin* (sorte de retraite) dans un silence absolu. Ils sont installés en zazen. La nuit est venue. Le froid vif.

« La bougie s'est éteinte ! dit le plus jeune des moines.

– Tu ne dois pas parler ! C'est un *sesshin* de silence *total,* fait observer sévèrement un moine plus âgé.

– Pourquoi parlez-vous, au lieu de vous taire, comme nous en étions convenus ! remarque avec humeur le troisième moine.

– Je suis le seul qui n'ait pas parlé ! » dit avec satisfaction le quatrième moine.

Cette anecdote prête à sourire. Mais elle éclaire avec justesse l'esprit du Zen. On y brocarde les moines, on traite avec humour le *silence,* dont on sait pourtant qu'il est un élément essentiel de la *voie.* C'est que le *silence* n'est que le silence, c'est dire un moyen. « Si tu rencontres le Bouddha, tue le Bouddha », dit une maxime célèbre.

*

Rien ne doit faire obstacle à l'expérience personnelle.

La bannière et le vent

Le Zen va droit devant soi. Il ne donne pas d'explication, il suggère seulement. On connaît l'anecdote fameuse du disciple qui questionne le maître :

« Quelle est la vraie nature du Bouddha ?

– Le cyprès dans la cour. »

Le Zen unit le visible et l'invisible, l'humble quotidien et la réalité ultime, le relatif et l'*absolu.* Le « cyprès dans la cour », la fleur devant soi, le caillou sous nos pas sont les chemins qui mènent à l'au-delà, de l'au-delà, du par-delà.

*

Par un bel après-midi de printemps, un maître zen rentre de promenade. Le temps est délicieux, ni chaud, ni froid, un temps d'équilibre et de grâce auquel l'âme spontanément s'accorde. Une légère brise souffle et, en arrivant face au portail du monastère, le maître constate que la bannière à l'effigie du Bouddha faseye doucement au vent. Deux jeunes novices sont plantés devant.

« C'est la bannière qui bouge !

– Non, c'est le vent !

– Selon la bonne doctrine, ce qui importe, c'est ce que nous voyons devant nous maintenant. Et c'est la bannière, et elle bouge !

– Pas du tout, ta vision est erronée, car l'agitation de la bannière n'est que la conséquence du vent, c'est lui la cause première, la réalité au-delà de l'apparence.

– Mais l'existence du vent est une hypothèse !

– La bannière ne bouge pas sans motif, sa réalité est constitutive du vent !

– Pure spéculation !

– Évidence !

– Non, pas du tout !

– Mais si ! »

Les deux moines s'échauffent, ce qui n'était qu'une conversation aimable devient une dispute, une bataille. Peu s'en faut qu'ils n'en viennent aux mains. C'est alors qu'ils aperçoivent le maître du temple, qui les regarde impassible. Un peu confus, ils se tournent vers lui :

« Maître, est-ce la bannière qui bouge, est-ce le vent ?

– Ce n'est pas la bannière, ce n'est pas le vent, c'est votre esprit qui bouge. »

*

« Le Zen est un mystère. Dès l'instant où une pensée le touche, il disparaît[17]. »

L'amour s'en va

Le bourgeon qui éclôt, fleurit, s'épanouit, flétrit et devient poussière. Toute forme qui apparaît, disparaît. Tout ce qui naît, meurt, tout ce qui vient, s'en va et manifeste ainsi le *cela,* l'éternel Âtma, qui seul demeure.

*

Un jeune homme pauvre nommé Iruka aimait de toute la folie de son cœur une jeune fille riche, et belle de surcroît. Comme il était lettré, Iruka écrivit à sa bien-aimée une lettre d'amour chaque jour pendant trois longues années, sans faillir une seule fois. La troisième année, il osa lui suggérer de lui faire un signe à l'occasion de la fête du *bon*[18]. Mais la bien-aimée ne répondit pas, ne le regarda même pas, et ne lui manifesta jamais le moindre intérêt. Alors le cœur d'Iruka se lassa. Il songea à devenir moine, ce qu'il fit en effet. Et le temps passa…

Un matin de printemps, il allait chercher de l'eau au puits situé près de son ermitage, quand Iruka rencontra Chujō, pour la première et dernière fois de sa vie. Elle se jeta à ses pieds :

– Iruka ! s'écria-t-elle, j'ai cheminé de longs mois avant de te retrouver, enfin je te vois, admirable Iruka ! Ton amour dont mille lettres témoignent a fini par toucher mon cœur.

En disant ces mots elle dévoila son visage caché jusque-là par un fin voile de soie, et sa beauté était telle qu'elle fit pâlir l'éclat du jour.

– Je suis à toi, Iruka, je t'aime aujourd'hui, comme tu m'aimais autrefois.

Iruka lui répondit :

– Il est trop tard, Chujō, j'ai rompu tout lien avec cette sorte d'amour. Je suis moine.

Et sans un regard, il la quitta.

Chujō, de désespoir, se jeta dans la rivière et s'y noya.

En apprenant la nouvelle, Iruka composa ce poème :

Elle ne reste pas sur la branche,
la fleur de cerisier,
elle meurt avant l'été

*

Cette histoire est maintenant du passé. Tout ce qui naît, meurt. Tout ce qui vient, s'en va, et ne demeure que l'éternel Atma.

Une nonne très singulière

Un vieux maître zen aimait cette histoire.

« Ce conte sera un moment important sur votre chemin de sagesse... », et il souriait en disant ces mots, avec malice, aux jeunes novices.

Si vous aviez connu la ville de Nara en ce temps-là ! Nara « la verdoyante, la fleur embaumée », joyau de l'île de Honshu, la capitale religieuse du Japon, la Rome bouddhique. Entre ses murs vivaient des centaines de nonnes et de moines. Partout fleurissaient les sanctuaires, chapelles, pagodes à plusieurs étages, temples célèbres. Le plus connu de tous était le merveilleux temple de Todaidji. Lors des grandes fêtes bouddhiques, l'empereur lui-même assistait aux cérémonies. Ce jour-là, toute la ville était en liesse. Une foule immense se répandait dans les ruelles autour du temple, les bateleurs, les montreurs de marionnettes, les mimes, les acrobates rivalisaient d'adresse, amusaient les badauds de leurs tours.

Soudain un bruit courait : « L'empereur, l'empereur ! » Les soldats armés de lourdes piques écartaient la foule, et le cortège s'avançait : l'empereur richement vêtu d'or sur son palanquin, entouré d'une nuée de courtisans, de ministres, de chambellans et de bonzes. Les parfums d'encens embaumaient l'air, et les chants accompagnaient d'une musique céleste la lente progression du cortège impérial vers le grand portique du temple, que surmontait le magnifique Bouddha laqué resplendissant de mille lumières.

« C'étaient de merveilleuses fêtes ! disait le maître zen songeur.

– Le conte, Maître, le conte ! » suppliaient les jeunes novices.

Le maître souriait : « Le lieu et le moment font partie du conte, soyez attentifs, la sagesse ne se livre pas aux impatients. »

*

Or, en ce temps-là, il arriva qu'un moine tombât éperdument amoureux d'une nonne. Ryonen était belle, d'une beauté radieuse, à la fois éclatante et mystérieuse. Son teint, son port de tête, son allure, tout dans son physique charmant éblouissait, mais elle y joignait une intelligence pénétrante, un caractère décidé, et une générosité, une attention aux autres, qui l'éclairaient d'une lumière intérieure. Ryonen aurait pu rendre fou d'amour les plus sages des hommes, et des moines peut-être... Hashino l'aimait d'un amour déraisonnable, exacerbé. Il ne mangeait, ni ne dormait, il était distrait pendant les cérémonies rituelles, il était obsédé, il ne voyait qu'elle, ne vivait que pour elle, il courait à sa perte. Une nuit, il franchit le pas, commit le crime suprême, il s'introduisit dans sa cellule de moniale, et la supplia de l'aimer.

Ryonen tint alors le destin de Hashino entre ses mains. Il eût suffi qu'elle crie, qu'elle appelle ses sœurs, et le pire serait advenu. Mais elle ne se débattit point, ne manifesta aucun étonnement. Elle dit seulement au novice, qui brûlait de désir : « Je me donnerai à toi, demain. »

Le jour suivant était jour de grande fête. À l'occasion de l'Illumination du Bouddha, l'empereur assistait aux offices. C'est là, dans le sanctuaire du temple de Todaidji, qu'elle apparut à Hashino complètement nue :

« Prends-moi, dit-elle, maintenant ! »

Alors Hashino vécut le *Satori*, l'Éveil. Comme dans ces dessins où la forme et le fond changent en un éclair de place, il vit la réalité jusque-là cachée. Il sut que son amour était artificiel, fantasmatique, ses désirs fous semblables aux reflets changeants de la lune sur l'eau. Le voile de l'illusion s'était déchiré. Il accéda à la racine du moi, à la vérité, à la paix.

Veux-tu être empereur ?

En ce temps-là, Heian Kyo, ce qui signifie « capitale de la paix et de la tranquillité[19] », était un lieu enchanteur, où résidait Sa Majesté l'empereur. Nobles seigneurs vêtus de rouge, tunique cerise, pantalon pourpre, nobles dames en habits étourdissants, aux couleurs sans cesse nouvelles, rivalisaient dans les joutes d'amour et les jeux de l'esprit. Les fêtes somptueuses se succédaient au hasard des palais, des villas, ornés de magnifiques statues. Les musiciens accompagnaient aux bords du lac des Huit Vertus les amants du clair de lune. Les temples étaient construits en bois précieux, parés de nacre, incrustés de pierres précieuses, et les cérémonies rituelles donnaient lieu à des fastes sans égal dans tout l'empire.

*

L'empereur Saga était un homme âgé, un peu las de ces réjouissances perpétuelles. Un chagrin secret le rongeait. Il n'avait pas de fils. Souvent il s'absentait de la cour, et il se rendait avec quelques serviteurs fidèles et discrets chez un ermite, un moine zen. Celui-ci vivait non loin de la capitale, dans une simple cabane de branchages, près d'une pagode en ruine. Assis sur un tronc d'arbre, Saga observait le moine prier, méditer, couper du bois, et la hache étinceler au rythme de ses coups dans le soleil.

« Je te regarde vivre depuis plusieurs années, Ryoben, tu es actif, énergique, généreux, et sage. Je vieillis, je n'ai pas de fils. Veux-tu me succéder, veux-tu être empereur ? »

À cette demande stupéfiante, le moine ne répondit mot.

« Imagine, Ryoben, les plaisirs, la richesse, le pouvoir absolu, le droit de vie et de mort sur tout ce qui respire dans ce pays. Tu pourrais faire construire ici un palais, ou un temple aux cent pagodes, faire connaître le Zen, étendre son influence. N'es-tu pas tenté ? »

Alors Ryoben posa sa hache, remit de l'ordre dans ses vêtements, et dit :

« Je vais aller au bord de la rivière et laver mes oreilles souillées par vos paroles. »

Il se rendit à la rivière où il rencontra un paysan qui venait souvent y faire boire sa vache.

« Tu te laves les oreilles, à cette heure du jour ?

– Oui, mes oreilles ont été souillées par les paroles de l'empereur. Il m'a proposé de lui succéder, et de monter sur le trône.

– Je comprends que tu te laves ! dit le paysan, et dans ces conditions je ne laisserai pas ma vache boire cette eau souillée. »

*

Provocation, impertinence, le grand rire libérateur du Zen. Le moine considère d'un œil égal le prince et le pauvre hère, le lion et le vermisseau. N'enviant rien, ne possédant rien, le Zen est la liberté parfaite.

Qui est le vrai Roshi ?
Conte d'origine indienne

Un notable indien appelé Roshi était un grippe-sou, un Harpagon. Il y a deux sortes d'avares, le racle-deniers qui entasse pour le plaisir d'entasser, de « cajoler son argent mignon », et le pingre qui rationne sa maisonnée, son entourage, pour jouir seul de son bien. Tel était Roshi, un abominable égoïste.

Un bel après-midi d'été, il partit dans la forêt avec pour toute compagnie un âne chargé de victuailles. Là, ayant repéré un endroit tranquille, il s'installa, s'étala, prit ses aises, et commença un plantureux repas. Il se goinfra de viandes, de riz au curry, de desserts – surtout les crèmes sucrées dont il raffolait. Il but en abondance les vins les plus rares, les plus chers, les plus capiteux. Enfin repu, heureux, il déclama ainsi à l'adresse du ciel, des oiseaux et des bêtes des bois :

« Moi, Roshi, c'est maintenant mon festival !

À mon gré j'ai du vin, et grande est ma volupté.

Je surpasse et passe tout homme.

Et l'emporte sur Shaku, l'empereur des dieux ! »

Or, ce jour-là, Shaku[20] l'entendit par hasard. Il fut outré de l'impudence et de la vanité du personnage, et décida de le châtier.

L'empereur des dieux, qui règne sur trente-deux cités, prit alors la forme et le visage de Roshi et se présenta dans sa demeure. À peine entré, il ordonna que l'on ouvre les greniers et que l'on distribue sans compter le grain aux pauvres de dix régions. Quand il ne resta rien, il vida les coffres et dispersa l'or, chacun en reçut, du moindre serviteur jusqu'au plus petit marmiton. Enfin il fit mettre les tonneaux en perce, et le vin coula à flots. On l'entoura, on l'embrassa, on le fêta. La liesse était à son comble, et ce n'étaient que ripailles, rires et chansons, lorsqu'on entendit quelqu'un frapper rudement au portail :

« Holà ! Maudits fainéants, il n'y a donc personne pour m'ouvrir ! »

C'était le vrai Roshi qui s'en revenait de la forêt.

Le vieux gardien arriva, les jambes un peu flageolantes, à cause du vin qu'il avait bu :

« Qui êtes-vous, mon-mon-sieur ? articula-t-il avec difficulté.

– Vieil imbécile ! C'est moi, Roshi, ton maître !

– Ce n'est pas po-po-ssible, mon maître est à l'in-l'in-térieur ! » bafouilla-t-il, et il s'éloigna avec dignité.

Fou furieux, Roshi se mit à cogner au portail, il hurla, mena un tel vacarme qu'à la fin les gens de la maison accoururent. On le fit entrer, et les deux Roshi se trouvèrent face à face. Qui était le vrai ? Mêmes yeux noirs et malins, même double menton et ventre rebondi. Chacun donna son avis. Les serviteurs penchaient pour l'empereur des dieux, les enfants avec enthousiasme le désignaient aussi. L'épouse, elle, hésitait. Elle eût bien choisi le Roshi aimable et généreux, mais l'autre lui avait parlé à l'oreille d'un certain grain de beauté qu'elle avait sur le sein gauche et elle était troublée. L'intendant, qui était un homme prudent, déclara qu'il ne pouvait se prononcer et qu'il attendrait de savoir d'où soufflait le vent. La confusion risquait de s'éterniser quand l'épouse prit une décision : « Allons demander à Bouddha, dit-elle. Lui seul voit le secret des cœurs au-delà les apparences, il nous éclairera. »

Bouddha reçut les deux Roshi dans sa demeure du ciel. « Le vrai Roshi, dit-il, est celui qui suit la *voie,* il pratique la justice, il manifeste l'Atma par sa compassion envers toute créature. » Roshi, le jouisseur égoïste, l'avare, sut alors que la cupidité, le mépris des autres qu'il avait montrés jusqu'alors n'étaient que des accidents, des déformations, un masque qui cachait son vrai visage. Lui, Roshi, participait à la nature du Bouddha, c'était là sa vérité. Shaku au même moment reprit sa forme première, et redevint l'empereur des dieux, et Roshi retourna dans sa demeure, emportant avec lui la paix et la lumière.

*

Le Zen sait ces choses. Il appelle chacun à reconnaître derrière le kaléidoscope des apparences la nudité, la simplicité paisible de son visage originel. Ainsi a-t-il été rapporté par les Sages du passé.

« Dieu créa l'homme à son image, à l'image de Dieu il le créa. » (Genèse, I, 27.)

La corde d'argent

Un clair matin, Bouddha se promenait dans les cieux, aux bords du lac de la Fleur de lotus, et il rêvait sous la tiède caresse du soleil. Comme il se penchait sur l'eau du lac, il aperçut dans les profondeurs bouillonnantes de Naraka (l'enfer) un homme qui se débattait furieusement, et semblait appeler à l'aide. Aussitôt, Bouddha le reconnut. C'était un homme du nom de Kantuka, un voleur, un débauché, un abominable assassin qu'il avait rencontré pendant son passage terrestre. Bouddha est l'infinie compassion. Il se souvint qu'une fois dans sa vie, ce Kantuka avait manifesté un peu de bonté. Une grosse araignée s'était posée sur sa sandale ; au lieu de l'écraser, il l'avait épargnée et passé son chemin.

Je vais lui porter secours, songea Bouddha, pour ce geste de compassion. Qui sait, il reste peut-être une lueur de générosité chez ce malheureux. Il prit alors un fil d'araignée, le fit descendre dans le lac en direction de Kantuka. Le fil se transforma en corde d'argent, et le bandit l'agrippa solidement. Il commença à monter. L'ascension était rude. Kantuka y employait toutes ses forces. Il s'acharnait des mains, des genoux, des pieds, suant, et soufflant. Bientôt, il aperçut un coin de ciel bleu au-dessus de sa tête. Il redoublait d'efforts, quand il jeta un coup d'œil vers les bas-fonds. Horreur ! Une dizaine de ses anciens compagnons saisissaient la corde d'argent et s'efforçaient de grimper à leur tour.

Cette corde risque de ne pas être assez solide pour nous soutenir tous, se dit Kantuka. Il se souvint alors qu'il avait gardé dans une poche secrète son couteau d'assassin. « Je vais trancher cette corde, songea-t-il, et me débarrasser d'eux. » À peine avait-il formulé sa pensée que la corde d'argent se rompit au-dessus de lui, et il retomba pour toujours dans les Enfers.

*

Ce conte rappelle le mythe orphique. « Alors, sexe clos, Eurydice avec mélancolie s'en retourna parmi les morts », dit le poète grec. On ne peut comparer bien entendu la trogne couturée et brutale de Kantuka au délicieux visage de la nymphe Eurydice. Mais tous deux connurent un sort semblable. Eurydice trahie par son époux le faible Orphée, Kantuka victime de son « ego », prisonnier de lui-même.

Les dieux après tout sont justes.

Le vêtement de lumière

Il était une fois un pauvre pêcheur nommé Hakyu Ryu, qui prenait fort peu de poissons et subsistait à grand-peine. Il vivait seul, n'étant pas assez fortuné pour prendre femme, dans une misérable cabane, située près d'une belle forêt de pins, au pied du mont Fuji-Yama, dont le sommet est recouvert de neiges éternelles. Devant sa porte s'étendait une longue plage de sable blanc, et il contemplait jusqu'à l'horizon le bleu éclatant de l'océan Pacifique. Hakyu appréciait ce paysage enchanteur, et il rêvait souvent. Cela l'aidait à vivre.

Un matin de printemps, il traversait la forêt de pins lorsqu'il aperçut accroché à une branche un vêtement magnifique ; il était fait de plumes légères argentées et dorées, l'étoffe semblait tissée de lumière, et Hakyu en fut comme étourdi. Tenté, il hésita, jeta un coup d'œil alentour. Il était seul. Il prit le vêtement, le porta dans sa cabane, et le dissimula sous un tas de bois. Le soir, sur son tatami, avant de glisser au sommeil, il calcula les bénéfices que lui procurerait son larcin. « J'irai demain au marché, je vendrai ce vêtement un bon prix, j'achèterai des filets neufs et solides, peut-être une barque, je ferai ainsi de belles pêches, je deviendrai un homme riche, alors je prendrai femme… » Sur ces visions merveilleuses, il s'endormit.

Pendant la nuit, il fit un rêve. Une très belle jeune fille lui apparut : « Je suis un ange, dit-elle, je viens des cieux pour visiter le monde. Mais vous avez pris mon vêtement, et je ne puis retourner au ciel sans ma robe. Je vous en supplie, rendez-la moi ! »

Hakyu l'interrompit :

« Je ne comprends rien à vos paroles, je ne vous ai pas dérobé votre robe, que je n'ai jamais vue ! Mais puisque vous êtes dans ma maison à cette heure de la nuit, venez donc partager ma couche. » Et, saisi d'un brusque désir, il l'enlaça et voulut l'embrasser. C'est alors qu'il se réveilla. Ce rêve lui laissa un goût amer dans la bouche, et il eut honte. « Comment ! se dit-il, je vole un vêtement magnifique, je mens à la jeune fille à qui il appartient, et je veux la contraindre à partager ma couche. » Il se souvint d'un vieux maître zen dont il avait suivi les enseignements dans sa jeunesse. « Il n'y aura ni paix ni bonheur pour toi si tu ne pratiques la justice, si tu t'écartes de la vérité, si tu n'éprouves pas de compassion. » Hakyu décida alors de rechercher partout la jeune fille, et de n'avoir de repos qu'il ne lui ait restitué son vêtement de lumière.

Le lendemain de très bonne heure, il se rendit sur la plage, scruta l'horizon, en vain. Il s'approcha du bois de pins, et là, sous un arbre, il aperçut la jeune fille de son rêve qui pleurait. Il lui rendit son vêtement. Elle le remercia avec beaucoup de joie et d'effusions. Quand elle revêtit sa robe de lumière, elle se transforma et devint un ange qui s'éleva doucement dans les cieux en dansant avec une grâce inouïe. Le théâtre Nô représente souvent cette danse de l'ange. C'est un spectacle extraordinaire, l'un des plus beaux que l'on puisse imaginer. Hakyu le vit le premier, et il tomba en extase. Il rentra dans sa cabane. Les jours suivants, il prit autant de poisson que ses filets pouvaient en contenir. Il se maria, il eut de nombreux enfants, et tous vécurent heureux longtemps, longtemps.

*

Est-ce un conte zen, un conte de fées ? La « morale » semble classique, on pourrait l'exprimer ainsi : « La sincérité, l'équité, la compassion sont des vertus récompensées. Il ne faut pas voler. » Mais ce conte nous dit une autre chose, symbolisée par le vêtement de lumière qui, seul, permet d'accéder au ciel et magnifie toute réalité. Chacun suivra ici le silence, et son intuition.

*

« Maître, la lune claire et paisible brille tellement haut dans le ciel !

– Oui, elle est très loin !

– Maître, aidez-moi à m'élever jusqu'à elle.

– Pourquoi ? Ne vient-elle pas à toi ? »

La lune dans un vieux seau

Le *Satori, l'Éveil à la conscience du Bouddha, l'Illumination,* selon les doctrines du Zen, surgit à l'occasion d'un événement impromptu, d'un hasard, d'une chance, dans les esprits préparés à l'accueillir. Comme le voleur dans la « maison vide » : l'âme débarrassée de son « ego ».

*

Une nonne étudiait le Zen, jour après jour, depuis trente-trois ans. Elle était entrée au monastère en qualité de jeune novice à dix-sept ans. Elle en avait cinquante, maintenant. Sa vie de fertilité était achevée. Elle n'en gardait pas d'amertume. Elle vaquait aux occupations quotidiennes avec patience et l'humeur égale. Elle préparait le riz ou l'orge grillé, elle allait matin et soir chercher de l'eau au puits distant d'une centaine de mètres. Parfois, un nuage de mélancolie la visitait, elle le chassait. Elle pratiquait zazen avec régularité, elle méditait, elle étudiait les écrits des grands maîtres du passé. Mais elle n'avait jamais connu le *Satori,* la paix inimaginable, qui inonde brusquement l'âme étonnée, le rire, le grand rire de l'*Éveil.*

Un soir, elle revenait du puits et la nuit tombait. Elle observait sans y penser le reflet de la lune dans l'eau du seau. C'était un vieux seau, dont elle avait réparé le fond avec du bambou tressé. Brusquement il céda, l'eau s'échappa, et la lune disparut aussitôt avec l'eau du vieux seau. À cet instant précis, elle connut le *Satori*. Elle fut libre.

*

Le Zen est une expérience intime, qui permet d'unir le visible et l'invisible, le relatif et l'absolu, ce qui passe et ce qui demeure. Il n'est ni le bien ni le mal, ni le oui ni le non, ni le vide ni le plein.

« Il est au-delà du monde des contraires, d'un monde construit par la distinction intellectuelle… », écrit D.-T. Suzuki[21]. Insaisissable, il a pourtant comme toute entreprise humaine, et dans l'écrin du bouddhisme, ses temples, ses traditions, ses rites, ses codes, son langage. Chrétien, si je crois à la valeur du Zen dans une vie chrétienne, c'est que le Zen n'est attaché à aucune religion, à aucune croyance. Il invite seulement à plus d'authenticité, à ne pas se barricader dans les dogmatismes, à ne pas se scléroser dans les rites sans vie. On constate ses fruits chez les plus grands maîtres : la simplicité, le désintéressement, l'esprit de pauvreté, la compassion, l'amour, la joie, l'équilibre, et la sérénité. (On a parfois appelé le Zen la religion de la sérénité.) Mais sa nature exacte échappe à l'analyse. *Le Zen est comme la lumière,* et que dire de la lumière, sinon qu'elle éclaire, transforme, enchante la réalité ! Les contes sont parmi d'autres moyens « habiles » – la peinture, le théâtre Nô, le tir à l'arc, Cha-no-yu (le cérémonial du thé), l'architecture, les jardins, la poésie (les haïkus), zazen, le silence… – une expression, une indication, un chemin. « C'est le doigt qui montre la lune » dit le proverbe chinois (et le sot regarde le doigt). Le Zen est une lampe allumée, un feu sur la colline, une conscience *éveillée.*

Le rossignol !
sur cent personnes,
combien le remarquent[22] *?*

L'ART DES HAÏKUS

Qu'est-ce qu'un haïku ?

> *Le Zen trouve naturellement son expression la plus spontanée dans la poésie...*
>
> D.T. Suzuki, *Les Chemins du Zen*, Albin Michel, 1995.

Le Zen, cette traînée lumineuse, qui traverse les millénaires en passant par l'Inde, la Chine, le Tibet, le Japon... et aujourd'hui les pays d'Occident. Le Zen, lié à l'origine avec le bouddhisme, accordé à toutes les religions, les traditions, les cultures. Le Zen qui dépasse l'« ego » pour atteindre à la plénitude du « soi », le Zen refus du verbalisme, de l'intellectualisme, le Zen insolence, humour, liberté, le Zen *amour* de tous et de tout, attentif à la plus modeste des herbes des champs. Le Zen trouve dans le haïku, ce poème bref, si simple et si profond, son expression la plus heureuse, sa naturelle coïncidence.

Un haïku est un poème, c'est dire comme tout poème, un effet de l'art du langage, qui vise à suggérer par le sens, l'image, le rythme, une émotion, un état d'âme. Il y a bien des formes de poèmes. Ainsi, en français : la ballade, le sonnet, l'élégie, la stance, l'épigramme, le poème à forme libre, etc. En japonais, le haïku est un poème constitué de trois vers : cinq, sept et cinq syllabes

Ici et là, écoutant
les cascades.
Jeune feuillage[23]

Ochikochi ni (5)
tachi no oto kiku (7)
wakaba kana (5)

Buson (1715-1783)

Mais c'est un poème singulier, presque un exercice spirituel. Résultat d'un extrême raffinement, produit de siècles de culture, le haïku ne révéle sa saveur qu'aux esprits accueillants, aux cœurs attentifs. Il n'y a ici ni flamboiements, ni grands télescopages d'images, ni cris, ni mort, ni sang. Le haïku est simplicité, légèreté, mise à nu de l'essentiel. Le haïku, c'est sur une table de bois, une fleur des champs. C'est le temps accordé au silence. Une grâce, un secret. Un oiseau qui se pose. Un instant sauvé, une brindille d'éternel. Un haïku, c'est la chance offerte de tout deviner, de tout comprendre, de tout aimer, en un éclair de trois vers.

Prononcez à mi-voix les deux premiers vers du haïku de Buson : *Ochi kochi ni tachi no oto kiku.* Vous croirez entendre le bruit clair et frais des cascades. Vous *serez* le jeune feuillage.

Les haïkus présentés dans ce livre sont en général de mon cru. Ceux qui ont pour auteurs de grands maîtres japonais sont composés en caractères « italiques ».

*

Un vieil homme
sourit
à un coing ridé

*

Une feuille dans la boue
ses sœurs passent devant
le nez au vent

*

Soir de printemps,
les oiseaux se couchent
les étoiles s'allument

*

Tic-tac de l'horloge
un chat s'endort
sur de vieux genoux

*

Sous la pluie,
comme il est tordu,
le poirier en fleurs

*

Bourrasque de printemps,
une branche de sapin
va et vient...

*

Le vieux chêne
contemple
les fleurs de cerisier

*

Sur une croix du cimetière,
le jeune merle
tout ébouriffé

*

Orage d'été,
la mer désarçonne
un petit voilier

*

Matin gris,
un oiseau chante
pour l'encourager

*

Après cette volée de haïkus, faisons le point. Certains lecteurs sont défrisés. N'est-ce que cela un haïku, cette poésie dont on fait tant mystère, cette pierre précieuse du langage ? Si l'on comprenait au moins. Mais, disent les puristes, un haïku ne s'explique pas. Soit. Le principe est bon. Mais un souvenir d'enfance m'incline à moins d'absolutisme.

J'appartenais à une famille de musiciens. Des prix de Rome comme s'il en pleuvait. Mon parrain jouait du violon, ma tante enseignait le chant, mes parents, mes oncles, mes tantes, cousins, cousines grattaient, soufflaient tous dans quelque instrument et en tiraient des sons harmonieux. Ma mère était la moins douée, et l'on me considérait avec un peu de pitié. Un oncle entreprit de me sauver :

« Tu n'aimes pas la musique, petit ?

– Un peu, dis-je, surtout la fanfare municipale ! »

L'oncle Robert sursauta :

« La fanfare municipale... », répéta-t-il avec horreur :

Et séance tenante il me prit par l'oreille et me traîna dans la salle de musique. Là, je dus ingurgiter sans broncher une suite de sonates de Beethoven. Le supplice dura deux longues heures. J'en sortis hébété, à jamais dégoûté de la belle musique classique.

À jamais, pas tout à fait, bien entendu. Mais les dégâts furent longs à réparer. Cette expérience m'amènera ici et là à transgresser la règle non écrite du haïku. « Un éclair ne se déplie pas. »

Voici un premier exemple. Mais cet essai d'explication ne remplacera pas l'intuition. Le lecteur est l'artisan de son poème, il invente son propre chant.

Le vieux chêne
contemple
les fleurs de cerisier

Le chêne symbolise la force, la solidité, la permanence. Les noces de chêne, quatre-vingts ans de vie commune, sont l'Everest du mariage !

Le verbe « contemple » met l'accent sur la patience du regard, suggère une attitude de méditation.

Les fleurs de cerisier sont fragiles, éphémères, elles symbolisent au Japon la précarité, l'impermanence.

La scène évoquée dans le haïku met en présence deux symboles opposés. Mais dans ce monde tout s'en va, tout passe, et le chêne dût-il vivre mille ans passera lui aussi comme la fleur du printemps.

Silence…

Haïkus de l'automne

La lune d'automne ;
j'ai erré toute la nuit
autour de l'étang[24]
Bashô

La tradition du haïku est de situer la saison. C'est le *kigo* ou « mot de saison », qui indique de façon explicite ou indirecte le moment de l'année. Voici quelques exemples avec l'automne :

Ce chemin
personne ne le prend
que le couchant d'automne[25]

Bashô

Lever du jour
brume du mont Asama
rampe sur la table[26]

Issa

J'ai essayé d'imiter les grands maîtres, de créer à mon tour ces instants magiques. Mais l'on ne sait jamais si l'on a réussi, déjà bien heureux quand son propre cœur a un peu tressailli.

Une feuille rousse
tombe ;
silence

*

La feuille morte dans l'allée
court plus vite
que le crapaud

*

Deux chevaux paissent
la brume d'automne
sur le dos

*

Dans le bois
le ramasseur de champignons
grisonne

*

Pluie d'automne
la rue attend
un passant

*

Lune d'octobre
dépenaillée
par les nuages

*

Par-dessus le petit chemin
les feuilles rousses
se donnent la main

*

Le yucca,
ses feuilles dures,
le vent souffle en vain

*

Sur la route déserte
une voiture passe.
C'est mon anniversaire

*

Les haïkus sont parfois accompagnés de commentaires sur la vie de l'auteur, qui les mettent en situation et les explicitent. Je me permets d'utiliser ce procédé. J'habite un village de trois cents âmes, niché dans les bois. Sur la route qui passe devant ma maison, je vois passer, les jours d'embouteillage, deux voitures et un tracteur !

Mon anniversaire est en automne.

Le vieux bouleau
tout droit, sans paroles
pluie d'automne

*

À la fenêtre,
une branche de saule
salue inlassablement

*

Un coq chante,
les nuages s'étirent
matin d'automne

*

L'herbe patiente
accueille
les feuilles mortes

*

Un vieux cheval
ronge la barrière
brume automnale

*

Une châtaigne,
la bogue ouverte
sur le sentier

Natsume Soseki (1867-1916), romancier et poète Japonais, écrit à propos des haïkus :

Supposons que vous êtes en colère, écrivez à propos de cette colère, et aussitôt il vous semble, que vous décrivez la colère d'autrui. Personne ne peut être en colère, et écrire en même temps un haïku[27]...

Mise à distance de soi, détachement, sentiment de liberté et de paix. Le haïku les procure à l'auteur sans doute, mais il les étend au lecteur Lire un haïku c'est entrer dans une oasis.

Quels pouvaient être les sentiments de Soseki quand il séjournait chez un certain Kondo dans l'intention de visiter les cascades de Shirai et Karakaï. Les haïkus qu'il compose n'en disent rien.

Montagnes automnales,
tranquilles les nuages
circulaient[28]

*

Les nuages viennent,
les nuages vont
à la cascade, érables rougis[29]

Ce matin une averse torrentielle s'est abattue sur mon village. Elle a dévasté le paysage, je mets à l'épreuve les conseils de Soseki, et j'écris :

La pluie s'arrête,
une rose
lève la tête

*

La grande allée
devenue rivière,
pêcher de ma fenêtre !

J'ai gravi la colline aux vignes et constaté les dégâts :

Un vol d'étourneaux
caresse
les raisins noirs

*

Je regarde un lézard
entre deux pierres,
il me regarde aussi

Tout poème de trois vers n'est pas un haïku. Il ne suffit pas d'évoquer la nature, les animaux, ou les saisons. Chaque écolier possède dans sa musette à poèmes les vers célèbres de Verlaine :

Le sanglot long
des violons
de l'automne

Est-ce un haïku ? Trois vers, brièveté, chanson, mot de saison… On pourrait hésiter. Mais le poète écrit la fin qui manquait…

Berce mon cœur
d'une langueur
monotone

Et la porte un instant ouverte s'est refermée. Nostalgie, plainte close sur elle-même. Les vers sont beaux, mais ne se forment pas en haïku.

Écoutons en parallèle le moine zen Bashô :

Sur une branche nue
un corbeau s'est posé ;
soir d'automne[30]

kare eda ni
karasu tomaritarikeri
aki no kure

Novembre au crépuscule. Un corbeau s'est posé sur une branche dépouillée de ses feuilles. Le reste est silence, liberté. L'auteur de haïku doit renoncer le plus souvent aux adjectifs, et toujours aux métaphores, aux « violons de l'automne », aux flamboiements, à la colère, au romantisme, à la nostalgie complaisante. Travail de nudité. Il doit saisir avec force l'image, rassembler dans sa main le présent tout entier, et laisser place au silence. Il s'efface, pour que naisse en un cœur l'étincelle, pour donner une chance si infime soit-elle à l'Absolu. L'éternité est maintenant.

Sur une branche nue
un corbeau s'est posé...

L'auteur de haïku doit attendre le moment privilégié et ne rien attendre, être vigilant, accueillir. Il use parfois de rire, de surprise, de trivialité et tous moyens habiles dans la tradition du Zen pour ramener à l'instant qui passe l'attention distraite, notre esprit vagabond. Chacun le lisant trouve son chemin, son éclair.

Je me souviens de ma sidération et de ce feu en moi, cette espérance et cette paix ensemble, quand je lus pour la première fois ce haïku de Bashô :

Daurades salées,
leurs froides gencives
chez le poissonnier[31]

Je me promenais sur l'étroite route luisante de pluie des hauts de mon village. Autour de moi les vignes, et la vallée du Loir. Ces « daurades » pourtant me sautèrent au visage, et je fus brusquement ramené trois siècles en arrière sur ce marché japonais, où les poissons à l'étal découvraient leurs gencives. En un élan je composai à mon tour un haïku :

Une limace,
orange
sur le goudron noir

Cette image de l'instant, aura-t-elle un écho dans quelque esprit accueillant, une âme prête ? Je la livre au vent incertain qui guide le poème… et reprenant la lecture des haïkus de Bashô, je tombe sur celui-ci :

Chez le tailleur de pierre,
fleurissent les chrysanthèmes
entre les pierres[32]

Tout est dit, et même l'indication discrète de saison (chrysanthèmes). « On reconnaît la beauté à ce qu'elle désespère » écrivait Valéry dans ses *Cahiers*. Comment oser imiter les maîtres ?

Haïku et tendresse

Un nuage blanc
chuchote en passant
au-dessus des bananiers[33]

Shiki (1866-1902)

La tendresse ! « Laisse ouverte entre nous, écrivait Giraudoux, la porte de tendresse, que les enfants, les chats, les oiseaux savent trouver entre ceux qui s'aiment… » L'espace de rémission, la fleur imméritée, la tendresse. Ce n'est pas l'amour qui chante, crie, nous brûle, l'amour qui dévaste tout, c'est moins fort et plus doux, ça ne résiste pas sous la dent, on l'entame facilement, on la négligerait presque la tendresse. Mais si l'on vient un jour à en manquer, il nous arrive comme aux tout petits, on en meurt.

Les grands auteurs de haïku : Bashô, Buson, Issa, Soseki, Shiki, Koyô… ont chacun leur personnalité, leur timbre singulier. Ryōkan est le poète de la tendresse. Né en 1758 Yamamoto Eizo, dit Ryōkan, ce qui signifie « le bon, le magnanime », est le fils d'un chef de village, gardien du temple Shinto. À dix-huit ans le jeune Eizo quitte sa riche famille, entre au monastère bouddhiste. Comme saint François d'Assise auquel il fait parfois songer, Ryōkan est attentif aux êtres les plus humbles, il éprouve une égale tendresse pour les oiseaux, les fleurs ou les insectes :

Des puces, des poux,
n'importe quel insecte
d'automne qui chante,
ma poitrine
la lande de Musashi[34]

Il étend sa compassion à tous et à tout :

Pluie de printemps
lentement je promène la main
sur la gourde fêlée[35]

Il est attentif et tendre envers le bambou :

Leur fraîcheur,
l'oublier on ne saurait
les bambous de cette année[36]

On raconte qu'un jeune bambou s'était mis à pousser sur le sol nu de sa cabane. Le voyant grandir et chercher désespérément un accès à l'air libre, il voulut percer un trou dans le toit, et malencontreusement mit le feu à son habitation. Ses contemporains qui admiraient son génie de calligraphe et de poète l'appellent alors affectueusement Taïgu, « Le Grand Sot ». Oubli de soi, infinie patience, infinie tendresse, simplicité, mystérieuse sagesse. Un voleur le dépouille une nuit de tous ses pauvres biens : ses vêtements, un bol de riz, sa calebasse, son bâton. Il regrette que son visiteur n'ait pas emporté aussi la lune qui brille de tout son éclat à travers les carreaux :

Le voleur a tout pris
sauf la lune
à la fenêtre[37]

Le 6 janvier 1831, en pleine saison d'hiver, il meurt dans sa cabane, et l'on peut rêver qu'il murmure ce dernier haïku :

Vieux le corps
transi de froid
les bambous sous la neige[38]

Ryōkan, poète de la tendresse éveille en nous un coin enfoui d'innocence.

*

Les esprits chagrins me blâmeront peut-être de parler de tendresse plutôt que de « compassion ». La tendresse est une qualité, la compassion une vertu. La plus haute sans doute du bouddhisme. Écoutons ce qu'en dit le dalaï-lama dans un livre précisément intitulé : *La Puissance de la compassion*[39].

« Parce que notre structure globale (corps et mental) est adaptée à un environnement incluant l'amour… chacun de nous est motivé par le bien-être de l'autre, indépendamment de l'attitude que celui-ci puisse manifester à notre égard. Telle est la compassion.

« La compassion demeure un élément fondamental sans lequel aucune activité humaine ne peut avoir d'utilité. »

Les mots sont piégés. Compassion ou tendresse, ce qui importe c'est notre degré d'*amour*. Dans notre culture le terme « compassion » est connoté d'un peu de sévérité, de tristesse, il frôle le mot pitié, qui ajoute souvent du malheur au malheur. Ryōkan, qui portait au front la tache d'innocence, manifesta une telle attention aux autres et jusqu'aux insectes, et aux fleurs, tant de douceur légère dans la musicalité et la calligraphie de ses poèmes, tant de joie sereine, que j'ai préféré arbitrairement utiliser à son propos le mot tendresse.

あげ巻の
昔をしのぶ
すみれ草

agemaki no
mukashi o shinobu
suemire so

Des chignons d'enfants
d'autrefois le souvenir
les violettes[40]

La grâce de la calligraphie, la musicalité du poème, la juxtaposition, non la métaphore, à la saison du printemps, des enfants et des fleurs. N'est-ce pas le mot tendresse, qui vient aux lèvres ?

Haiku et humour

D'être vert
lui suffirait déjà,
le piment[41]

Bashô

L'humour dans le haïku est sans méchanceté. Jamais.

On n'y rencontre ni l'humour noir, ni la « cruauté étincelante » à la mode, avec ses fantasmes de piques et d'épée luisant au soleil. L'humour du haïku est léger, et la tendresse affleure sous le trait. Sourire esquissé, détachement de celui qui sait qu'à la fin il n'est joueur qui gagne, et accepte la vie avec élégance du cœur et dignité. Entre ironie légère et compassion, l'humour du haïku est pas de danse, feu follet de la liberté intérieure. Il est vrai que les auteurs de ces petits poèmes, imprégnés d'esprit zen, croient au-delà les formes éphémères à l'absolu. Ce qui, je le reconnais, diminue considérablement leur mérite, mais n'ôte rien au bonheur de lecture.

Les grands auteurs n'ont pas dédaigné cette forme de malice heureuse. Voici quelques exemples cueillis chez le premier d'entre eux : le moine zen Matsuho Bashô :

Dans ma hutte
tout ce que j'ai à vous offrir,
c'est que les moustiques sont petits[42]

Peut-on manifester plus de délicatesse ? Nous voici rassurés…

Trois hommes se rencontrent
pour fêter le nouvel An
et se disputent[43]

Que doit-on penser de la folie des hommes en lisant cette anecdote ? L'auteur nous la relate avec un mélange de surprise et de compassion, en y ajoutant ce zeste de sourire qui lui donne toute sa saveur.

La grue est un oiseau sympathique mais quand elle crie ! …

La grue crie
d'une voix à déchirer
le bananier[44]

Il faut reconnaître que le « trompettement » de la grue est loin du « ti-ou, ti-ou » délicieux du rossignol. Ce n'est pas la voix à « couper la soie » dont parle le poète, mais de là à déchirer les épaisses feuilles de bananier… (Bashô veut dire bananier en japonais.)

J'arrache mes cheveux blancs
sous mon oreiller
un criquet crie[45] *!*

L'auteur opère ici un transfert amusant entre lui et le criquet, avec une touche subtile de mélancolie. Ce haïku est un petit chef-d'œuvre.

Et ce dernier haïku, où l'auteur se moquant gentiment de lui-même, rit de notre « humaine condition », comme disait Montaigne :

Le corbeau d'habitude, je le hais,
mais tout de même… ce matin
sur la neige[46]

Comme nous sommes versatiles en effet, et nos sentiments éphémères. Un peu de beauté nous conquiert, un rien nous séduit, et nous fait changer de chemin. Cette fragilité, ce désarroi, cette amusante « conversion » de l'auteur nous appelle à réfléchir sur nous-mêmes. Ainsi par la grâce de l'humour, comme par la mélancolie, la cocasserie, le lyrisme pudique, l'image abrupte ou le chant du poème, le haïku joue sa cantate obstinée, il nous répète : Accueillez, *aimez.*

*

Je propose quelques haïkus de malice heureuse. Je le sais, la comparaison est cruelle. Mais l'intention droite. J'ouvre la voie. *Essayez à votre tour…*

Inventer des haïkus avec un grain d'humour, doser l'image, le sourire, la tendresse, la lucidité, la pointe légère, cueillir l'instant qui passe est un exercice de salubrité personnelle. Essayez… vous découvrirez en vous des sources ignorées, des coins de poésie, des oasis de paix et de sagesse

Nuit d'été,
la lune en serpette
semble un haïku

Victor Hugo disait : « Cette faucille d'or dans le champ des étoiles. » Faucille passe encore, surtout en métal précieux, mais « serpette » ! L'offense est manifeste. L'astre chanté depuis la nuit des temps par les poètes… une misérable serpette ! Il est vrai que le haïku avec ses trois vers minuscules n'a guère plus d'apparence.

Octobre qui attend
la première souris
de novembre.

L'attrapera-t-il ?

Sur le pin couché
un roitelet
crête sa huppe

Neuf centimètres, et il pèse cinq grammes tout mouillé…

Un vol d'étourneaux,
une poignée de grains
jetée aux nuages

Amusante association d'idées !

Devinette

Le rire, l'humour, la fantaisie même sont partie intégrante du Zen. Je propose dans ce chapitre un jeu.

Voici sept haïkus. Cinq sont de mon cru, deux ont pour auteurs des maîtres du Zen célèbres. Saurez-vous démêler les uns des autres ? Je sais bien que la traduction en français supprime la musicalité, la calligraphie si belle de la langue originelle, et fausse un peu le jeu. Mais il reste l'admirable simplicité des maîtres, la profondeur, l'espace ouvert au silence.

1. Le temple, la colline,
un oiseau
tire un trait

*

2. Le taureau dans la prairie
penche son cou,
ma caresse hésite

*

3. Le jardin d'à côté,
à travers un trou béant
dans le mur d'argile

*

4. La plaine au loin
relève sa jupe
et touche le ciel

*

5. Le pivert
considère
le bois de ma chaumière

*

6. L'herbe humide
de rosée,
matin de printemps

*

7. Avril,
froid de canard,
qu'en pensent les violettes ?

Vous n'avez pas trouvé ? Relisez lentement, cherchez encore… toujours rien ? Consolez-vous, chacun de nous a sa pente, son goût singulier.

Je vous indiquerai la solution en fin de chapitre*. En attendant je propose une autre énigme. Voici un haïku, dont la franche crudité, la joyeuse gaillardise nous étonne :

yanobiti no
kintama shibomu
aki no kaze

Montant sur le toit
les bourses rabougries
par le vent d'automne[47]

Quel est l'auteur de ces vers insolites ? Bashô, le maître vénéré, le fondateur d'école, le prince du haïku ? L'un de ses nombreux disciples : Ryuko, Jügo, Kakeï, Tokuku, Yasui, Chınseki, Josô, Mokusetsu... Issa (1763-1827) ; le fin observateur de la vie quotidienne, Soseki, le romancier, (1867-1916), familier de l'Occident, ou plutôt l'un de ces poètes irrévérencieux comme Takarai Kikaklu (1661-1707), qui ne craignait pas les plaisanteries scatologiques ?

Serait-ce Buson (1715-1783) le grand peintre à qui nous devons le portrait de Bashô son maître en poésie, représenté tenant son bâton d'infatigable voyageur à la main, ou bien Saikaku (1661-1707), qui pour relever un défi composa quatre mille haïkus en une seule journée ?

Non, le responsable est celui que l'on n'aurait jamais soupçonné : le tendre, le nuancé, dont le talent est un effleurement, le saint François d'Assise du bouddhisme : Ryōkan !

Décidément le Zen est surprenante liberté.

* Numéro 3 : Ryōkan[48]
Numéro 5 : Issa[49]

Haïku et le temps cueilli

Dimanche de novembre gris et doux. Je me promène dans les bois qui encerclent mon village. Je baigne dans les feuillages or, et roux des bouleaux, des châtaigniers, des chênes, sous mes pas les feuilles mortes craquettent. Soudain, à dix pas de moi sur le sentier, jaillissent d'un fourré trois chevreuils, un mâle et deux femelles. Le pelage brun et roux, les têtes haut dressées, et déjà l'éclair blanc de leurs derrières. L'apparition a duré un dixième de seconde. Je crois avoir rêvé. L'instant magique a fui entre mes mains comme de l'eau. Alors spontanément je compose un haïku :

Trois chevreuils,
têtes fières,
culs de neige bondissant

Le haïku, ce « monostique » disent les spécialistes, c'est-à-dire un seul vers articulé en trois parties est une poésie de l'immédiat. La goutte d'eau de l'instant se change en goutte de cristal. C'est le « temps cueilli ».

Quelques textes de Bashô et de Ryōkan illustrent admirablement cette facette du haïku :

La lune à toute allure,
les cimes des arbres
retiennent la pluie[50]

Bashô

Du bout de l'herbe,
aussitôt qu'elle tombe
la luciole s'envole[51]

Bashô

Et ce haïku de Ryōkan, que je ne peux jamais lire sans une stupéfaction de bonheur…

*

ほろ酔の
足もと輕し
春の風

Un peu ivre
le pas léger
dans le vent du printemps[52]

… le vent qui s'éveille, le vent titubant, le vent du printemps. Il nous prend le cœur de vitesse. Il est là sur nos yeux, sur nos joues, sur nos lèvres dans la fraîche éternité de l'instant.

Haïku et silence

> Le silence en dit plus long que les mots
> et tout ce qui parle est fait de chair mortelle.
>
> Louis René Des Forêts,
> *Poèmes de Samuel Wood*

Le silence zen n'est pas seulement absence de bruit, ou calme du mental. Il ne se réduit pas à cet aspect négatif, défensif. Il ne peut être défini comme un manque, une privation de stimuli extérieurs, ou intérieurs. Le silence zen est une conquête, une aventure, une porte qui s'ouvre sur l'infini.

Nous sommes une goutte d'eau dans l'océan du Cosmos. « Mais la goutte d'eau sait-elle que : l'océan est en elle ? » s'interroge l'adage chinois. Avons-nous conscience de nos liens avec l'univers ? Notre « petite vie » se fond dans la « grande vie ». Elle est nous, nous sommes elle. Ces choses ne s'apprennent que dans le silence. Et le haïku, cette parole brève, poésie du Zen, instant posé au bord du silence, nous fait saisir, ici et maintenant, à propos d'oiseau, de lune ou de bambous... cet échange d'amour, et parfois même, fugitive, l'éblouissante clarté de l'absolu :

Le coucou,
un grand bois de bambous
filtre la lune[53]

Bashô

Matsuho Munefosa, dit « Bashô » (Le bananier) nom emprunté à son ermitage (Bashô-an) est considéré comme le plus grand poète de haïku. Né en 1644 dans une famille de *Bushi* (guerriers), il occupe diverses fonctions en rapport avec son rang social jusqu'en 1681. À trente-sept ans il prend l'habit de moine zen. Après quelques années de recueillement, il entreprend une série de voyages à travers tout le pays, qui ne prendront fin qu'à sa mort en 1694.

La réputation de poète de Bashô, son enseignement attirent à lui de nombreux disciples. Les haïkus sont presque toujours la conclusion d'un récit de voyage, d'un long poème, de paroles de sagesse. Imaginons la scène. Le Maître achève de parler, les disciples assis à ses pieds laissent le haïku pénétrer en eux, et méditent longtemps dans le silence[54]...

Soleil d'hiver,
sur un cheval
la silhouette gelée[55]

*

Jardin d'hiver,
la lune comme un fil
une voix d'insecte[56]

Les voix des gens
reviennent sur la route,
soir d'automne[57]

« Nous sommes restés assis un long moment dans le plus extrême silence » *(Visite du temple de Kashino).* Bashô.

*

Trois haïkus, trois images saisissantes. La statue gelée sur son cheval, figée, semble-t-il, pour l'éternité. La lune neuve au mince croissant, et le bruissement ténu d'un insecte, fils qui s'étirent à l'infini dans ce jardin d'hiver.

Ces voix qui reviennent sur la route, échos de voix lointaines ou disparues...

Mais le Zen est une expérience personnelle. Il se vit mieux qu'il ne se dit. Chacun emprunte le chemin de poème qui le mène au silence, à la paix intérieure.

Une rose effeuillée
la pluie,
matin d'automne

*

Les ronces de la haie
tendent leurs bras
de prière

*

Les grains de chapelet
entre mes doigts,
le soir tombe

*

Mon pas sur la route ;
le ciel d'hiver
écoute…

Le bruit de mon pas s'efface, la parole des haïkus se dissipe dans la lumière et le silence…

Notes

1. Bashô (1644-1694) : moine zen qui fut le plus célèbre auteur japonais de haïkus.

2. D.-T. Suzuki, *Les Chemins du Zen*, Albin Michel, Paris, 1995.

3. Cf. p. 61 [« le thé n'est rien d'autre que ceci »].

4. Le bandeau de résolution est un bonnet de tissu qui, encerclant la tête, assure une bonne assise au casque. Il fait partie de l'équipement du guerrier samouraï prêt au combat, il symbolise sa détermination.

5. Soseki (XIXe siècle).

6. L'*Atma*, ou *atman*, est un mot sanscrit qui désigne l'Absolu, l'Infini, l'Illimité, l'Éternel, l'unique Réalité.

7. *Zazen* : Posture en lotus, ou demi-lotus. Mains dans le giron, paumes en haut, la main droite sur la main gauche, ou l'inverse selon les traditions, pouces tendus se touchant légèrement. Bonne assiette. Respiration calme.

8. Aujourd'hui province de Hou-Pei.

9. Trad. fr. inédite de Cheng Wing Fun et Hervé Collet.

10. Yuan des Han régna de 48 à 33 avant notre ère.

11. Traité de Bodhidharma (Tan-lin).

12. Les six perfections : Le don (la générosité, la compassion), la moralité, la patience, l'énergie, la méditation, et la sagesse transcendante.

13. *Kito* : cérémonie pour exaucer un vœu.

14. Ryōkan, *Pays natal*, trad. Cheng Wing Fun et Hervé Collet, Moundarren, 1994.

15. Trad. fr. inédite de Cheng Wing Fun et Hervé Collet.

16. Mélange de thé et d'orge grillés détrempés et pétris dans du thé beurré et salé. Plat traditionnel du Tibet.

17. Isabelle Coursin, *Le Goût du Zen*, Gallimard, coll. « Le promeneur », 1993.

18. Le *bon* est la fête des morts. On nettoie les tombes, on y place mets et boissons pour les défunts. Trois jours après, on brûle les chevaux de paille, et sur leur fumée les âmes s'élèvent pour gagner leur séjour dans l'Au-delà. (Maurice Coyaud, *Tanka, haïku, renga, le triangle magique*, Paris, Les Belles Lettres, 1996.)

19. Heian Kyo, aujourd'hui Kyōto.

20. Shaku, l'empereur des dieux, habite selon la légende la montagne Sumeru, qui est au centre du monde. Il règne sur trente-deux dieux et leurs cités qui regorgent de richesses.

21. D.-T. Suzuki, *Introduction to Zen Bouddhism*, Londres, 1960, cité par Thomas Merton, *Zen, Tao et Nirvâna*, Fayard, 1970.

22. Ryōkan, *Pays natal, op. cit.*

23. Trad. fr. par Maurice Coyaud, *Tanka, haïku, renga, op. cit.*

24. Trad. fr. par R. Munier, *Haïku*, © Librairie Arthème Fayard, 1978.

25. *Id.*

26. *Id.*

27. La citation est tirée d'un roman de Soseki, *Un oreiller dans l'herbe*, trad. angl. par Alan Turney, *The Three-Corned World*, Tuttle, Tokyo, 1968. Cité par Maurice Coyaud in *Tanka, haïku, renga, op. cit.*

28. Trad. fr. par Maurice Coyaud, *Tanka, haïku, renga, op. cit.*

29. *Id.*

30. *Id.*

31. Matsuo Bashô, *Cent Cinq Haïkaï*, trad. du japonais par Koumiko Muraoka et Fouad El-Etr, La Délirante, 1979.

32. *Id.*
33. Trad. fr. par Maurice Coyaud, *Tanka, haïku, renga, op. cit.*
34. Trad. fr. inédite par Cheng Wing Fun et Hervé Collet.
35. Ryōkan, *Pays natal, op. cit.*
36. Trad. fr. inédite par Cheng Wing Fun et Hervé Collet.
37. Ryōkan, *Pays natal, op. cit.*
38. *Id.*
39. Sa Sainteté le 14e dalaï-lama, *La Puissance de la compassion,* trad. fr. par Laurence E. Fritsch, Presses de la Renaissance, Paris, 1997.
40. Trad. fr. inédite par Cheng Wing Fun et Hervé Collet. Calligraphie de Cheng Wing Fun.
41. Matsuo Bashô, *Cent Cinq Haïkaï, op. cit.*
42. *Id.*
43. *Id.*
44. *Id.*
45. *Id.*
46. *Id.*
47. Ryōkan, *Pays natal, op. cit.*
48. *Id.*
49. Trad. fr. par Maurice Coyaud, *Tanka, haïku, renga, op. cit.*
50. Matsuo Bashô, *Cent Cinq Haïkaï, op. cit.*
51. *Id.*
52. Ryōkan, *Pays natal, op. cit.*
53. Matsuo Bashô, *Cent Cinq Haïkaï, op. cit.*
54. « Nous sommes restés un long moment dans le plus extrême silence. » Bashô, *Visite du temple de Kashino*
55. Matsuo Bashô, *Cent Cinq Haïkaï, op. cit.*
56. *Id.*
57. *Id.*

Table

Cet ouvrage a été imprimé par la
SOCIÉTÉ NOUVELLE FIRMIN-DIDOT
(Mesnil-sur-l'Estrée)
pour le compte des Éditions Calmann-Lévy
3, rue Auber, Paris 9e
en juillet 2000

Photocomposition Nord Compo
59650 Villeneuve-d'Ascq

Imprimé en France
Dépôt légal : juillet 2000
N° d'édition : 13019/06 - N° d'impression : 52137